Zu diesem Buch

Tausende von Betrieben sind in der jungen Geschichte der Bundesrepublik zugrunde gegangen. Nicht durch den Ansturm «sozialistischer Gleichmacher», sondern durch die Härte kapitalistischer Konzentrationsprozesse. Wären die rund 280 Arbeiter der Glashütte Süßmuth im Sommer 1970 arbeitslos geworden, die Presse hätte es nur mit einer Tagesnotiz gemeldet. Da sie aber weiterarbeiten wollten, da sie mit Hilfe ihrer Gewerkschaft den Betrieb in eigene Verwaltung übernommen haben, wurde Süßmuth zum Modell. Ein Arbeitgeberorgan bezeichnete den Vorgang als «lupenreine sozialistische Machtergreifung, wie sie nicht schöner hätte aus der DDR importiert werden können». Dieser «bislang brutalste Anschlag auf die unternehmerische Selbstbestimmung in diesem Land» («Der Selbständige»), ist in Wahrheit die sozialpolitisch orientierte Tugend, die die Arbeiter des Werkes aus der kapitalistischen Not gemacht haben. Und insofern hat dieser Vorgang, bei dem Arbeiter ihren Betrieb selbst übernommen haben, exemplarischen Charakter für die Bundesrepublik: Arbeiter haben mit Erfolg für die Erhaltung ihrer von Standortschwächen und unternehmerischer Fehlleistung bedrohten Arbeitsplätze selbst gekämpft. Die Reaktion des Kapitals blieb nicht aus: Die Arbeitgeberverbände organisierten einen illegitimen Einstellungsboykott; unter dem Druck der Mißgunst der privatkapitalistischen Konkurrenz müssen die Arbeiter nun ihren Betrieb wieder wettbewerbsfähig machen. Zunächst sind sie gezwungen, ihre Selbstverwaltung auf die strikte Anwendung innerbetrieblicher Demokratie – auch das schon ein geradezu revolutionärer Vorgang – zu beschränken; nach außen bleiben sie den Gesetzen des Kapitals unterworfen.

Die vier Autoren dieses Buches stellen an das Modell Süßmuth einen Fragenkatalog, dessen Beantwortung Aufschluß gibt über weiterführende Möglichkeiten innerhalb unserer gesellschaftlichen Organisation: Wird der Betrieb diese Organisationsform überleben? Ist Betriebsdemokratie praktizierbar? Welche rechtlichen und rechtspolitischen Probleme tauchen bei der Überführung von Privatunternehmen in Arbeiterhände auf? Wie sehen die Probleme nach zweijähriger praktischer Arbeiterselbstverwaltung aus?

Das künftige Schicksal der Glashütte wird zeigen, ob Süßmuth zum Modell für die Bundesrepublik werden kann.

Hinweise auf die Autoren finden sich am Schluß des Bandes. Sie stellen alle Honorarerlöse dieses Bandes dem Bildungsfonds der Glashütte zur Verfügung. Sie danken der Belegschaft, den Gesellschaftern, den Betriebsratsmitgliedern der Glashütte Süßmuth für die Informationen und dem Geschäftsführer Klaus Boerner für die kritische Durchsicht der Manuskripte.

Arbeiter übernehmen ihren Betrieb
oder
Der Erfolg des Modells Süßmuth

Herausgegeben von Franz Fabian

rororo

Rowohlt

rororo aktuell – Herausgegeben von Freimut Duve

ERSTAUSGABE

Veröffentlicht im Rowohlt Taschenbuch Verlag GmbH,
Reinbek bei Hamburg, September 1972

Umschlagentwurf Werner Rebhuhn

Gesamtherstellung Clausen & Bosse, Leck/Schleswig
Gesetzt aus der Baskerville
IBM Composersatz Herbert Kröger, Hamburg
Printed in Germany
ISBN 3 499 11605 7

Inhalt

I

Franz Fabian
Vom „Fall" zum „Modell" Glashütte Süßmuth

1. Die Nachkriegsgeschichte eines mittelständischen Unternehmens

Unter der Rubrik „Immobilien" konnten interessierte Kapitalanleger und Leser der „Frankfurter Allgemeinen Zeitung" am 23. 5. 1969 folgende Anzeige entdecken:

„Glashütte. Mehrheitsbeteiligung oder Verkauf. Mundgeblasenes Wirtschaftsglas, eingeführte, weltbekannte Marke, fester Kundenstamm. 4,5 Millionen Umsatz, 25 Prozent Export, hervorragender Facharbeiterstand, verkehrs- und kostengünstiger Standort mit ausgezeichneter Infrastruktur. Werkswohnungen. Zur näheren Information nehmen Sie bitte Kontakt auf mit unserem Beauftragten Dr. Jürgen Hämer, Unternehmensberatung . . ."[1]

Wer sich an die genannte Unternehmensberatung wandte, erfuhr zu seiner Überraschung, daß es sich um keine geringere als die in aller Welt bekannte Glashütte Süßmuth handelte, deren Eigentümer, der Unternehmer Richard Süßmuth, für seinen Betrieb einen kapitalkräftigen Käufer oder Teilhaber suchte.

Eine Glasschleiferei Süßmuth bestand schon seit dem Jahre 1924 im schlesischen Penzig. Nach Beendigung der großen Inflation von 1923 und dem relativ schnell einsetzenden wirtschaftlichen Aufschwung seit 1924 waren die Startchancen für ein neues Unternehmen günstig. Mit seiner durchschlagenden Idee, das Glas in einer natürlichen Tropfenform zu gestalten, konnte Richard Süßmuth seinen Designs in Fach- und Liebhaberkreisen auf internationaler Ebene einen anerkannten Namen verschaffen und den Betrieb bis zum Jahre 1944/45, bis zum Zusammenbruch des Dritten Reiches, mit Erfolg führen.

Doch dann kam die Vertreibung. Schlesien wurde polnisch. Die kommunistischen Parteien der osteuropäischen Länder, auch die Polens, setzten ihre gesellschaftspolitischen Vorstellungen durch, enteigneten den Großgrundbesitz und die Produktionsmittel und überführten sie in Volkseigentum, d. h. sie verstaatlichten sie. Zahllose Schlesier wurden vertrieben oder flohen vor dem Kommunismus. So auch Richard Süßmuth mit seiner Familie. „Im Flüchtlingstreck rettete sich der Fabrikant mit der Stammannschaft seiner Glasbläser in den Westen."[2] Denn wenn überhaupt, dann bestand nur hier für den erfolgreichen Unternehmer eine Chance, noch einmal auf privatwirtschaftlicher Grundlage einen Betrieb aufzubauen, da erwartet werden konnte, daß die westlichen Besatzungsmächte – wie die Sowjets und die Polen – ihre eigenen sozial- und wirtschaftspolitischen Ordnungsvorstellungen im jeweils besetzten Gebiet durchsetzen würden. So kam Richard Süßmuth nach Immenhausen im Kreis Hofgeismar, ein kleines, fast verträumtes nordhessisches Städtchen unweit von Kassel – und das war kein Zufall.

Hier, in Immenhausen, hatte nämlich im Jahre 1898 ein Freiherr von Butlar-Lamprecht eine Glashütte gegründet, die zwar den Ersten Weltkrieg und die darauffolgenden schweren Krisenjahre überstand, nicht aber die Wirtschaftskrise am Ende der zwanziger Jahre. Sie machte Konkurs. Der Versuch der Nationalsozialisten, die Glashütte in Immenhausen um die Mitte der dreißiger Jahre wieder in Betrieb zu setzen, mißlang nach kurzer Zeit.[3] Hier konnte die Firma Süßmuth sich neu etablieren.

Seit dem Jahre 1946 wurde die Glashütte in Immenhausen mit Staatshilfen und Mitteln aus der Marshallplan-Hilfe etc. wieder aufgebaut. Es entstand die Glashütte Richard Süßmuth KG, die im Jahre 1970 von der Belegschaft in eigener Regie übernommen wurde, weil dies der einzige Weg war, die rund 280 Arbeitsplätze im ohnehin strukturschwachen Kreis Hofgeismar zu erhalten.

Die Hütte stellte mundgeblasenes Gebrauchs- und Zierglas her. Richard Süßmuth hatte großen Erfolg. Das Geschäft mit dem namhaften Glas brachte bis in die späten fünfziger Jahre nicht nur für den Fabrikanten und seine Arbeiter und Angestellten, sondern auch für die Stadt Immenhausen und seine Bewohner beachtlichen Gewinn. Mit 270–280 Beschäftigten, darunter 30 Angestellten, handelte es sich zwar nur um einen Betrieb mittlerer Größe, aber für Immenhausen und seine Bewohner war die Glashütte – und ist es noch heute – der bedeutendste Wirtschaftsfaktor. Zeitweise beschäftigte die Glashütte bis zu 480 Menschen des nur etwa viereinhalbtausend Einwohner zählenden Städtchens Immenhausen, vorwiegend Heimatvertriebene, die sich dort niedergelassen hatten und heute – wie der Betrieb – dorthin gehören, als wären sie schon immer dagewesen.

Süßmuth-Glas eroberte die Märkte. Und Süßmuth herrschte wie ein Patriarch. Da er mehr Ästhet als Unternehmer war, sind die Faktoren des Erfolgs wohl kaum bei ihm allein zu suchen. Vor allem die hohe Qualität, die Leistungsfähigkeit und das fachliche Können seiner Glasmacher, die staatliche Starthilfe, der konjunkturelle Aufschwung und die Möglichkeiten der damals noch nicht veralteten technischen Ausstattung der Glashütte – natürlich zusammen mit dem eingeführten Namen und dem noch konservativen Geschmack der Mehrheit der Kunden – ließen den Unternehmer Süßmuth zu hohen Ehren gelangen. Er erwarb sich großes Ansehen in Immenhausen, in der Bundesrepublik, ja in aller Welt. Er erhielt einen Orden des Papstes. Die Bundeskanzler Adenauer und Erhard sowie Bundespräsident Lübke ehrten den CDU-Stadtrat und Kreistagsabgeordneten von Immenhausen persönlich. Bilder der Landes- und Bundesprominenz in der festlichen Ausstellungshalle der Firma erinnern an Süßmuths gute Beziehungen zu Staat und Politik. Er wurde Träger des Großen Bundesverdienstkreuzes und Ehrensenator der TH Darmstadt.

2. Die Krise der Glashütte

Aber Ruhm und Ehre des Unternehmers Süßmuth konnten nicht verhindern, daß seit etwa 1960 der wirtschaftliche Abstieg seiner Glashütte begann. Wie konnte das geschehen? Was hatte sich verändert? Hier ist zwischen zwei Arten von Faktoren zu unterscheiden. Es sind dies die objektiven, die sich aus den Veränderungen im gesamtwirtschaftlichen Produktionsprozeß ergeben haben, und die subjektiven, deren Personifikation Richard Süßmuth selbst war.

Der Ursachen- und Wirkungszusammenhang der objektiven und subjektiven Faktoren, die den Niedergang der Glashütte Süßmuth bewirkten, wird in einem anderen Zusammenhang noch näher untersucht.[4] Hier soll es genügen, sie einfach aufzuzählen; an objektiven sind zu nennen:

a) Die sich verschärfende in- und ausländische Konkurrenz in nahezu allen Industriezweigen.

b) Der ständig wachsende Konkurrenzdruck in der Glasindustrie, der die Mundglasfertigung aus einem großen Teil der Märkte verdrängt, weil maschinell und teilmaschinell hergestellte Produkte bedeutend billiger sind als die der sogenannten Handglashütten.

c) Die gesellschaftlich vermittelten Veränderungen der Konsumgewohnheiten.

d) Die Rezession des Jahres 1966/67 und deren Auswirkungen.

e) Ständig steigender Lohnkostenanteil.

Subjektive Faktoren waren:

a) Das unnachgiebige Verharren von Richard Süßmuth auf seine selbstentworfenen, einst den Erfolg garantierenden, nun aber nicht mehr ganz marktgerechten Formen.

b) Die während der Hochkonjunktur der fünfziger Jahre nicht so sehr ins Auge fallende unternehmerische Unfähigkeit von Richard Süßmuth, die zu Fehlinvestitionen, dann zu dauernden Verlusten und schließlich zum Fehlen jeglicher Investitionen im Bereich der Energieversorgung des Betriebs, der Schmelze, Kühlung und Veredlung führten.

c) Die Unfähigkeit des Managements, die sich in innerbetrieblichen Spannungen, schlechten zwischenmenschlichen Beziehungen, einem überhöhten Personalkostenanteil und einer weit überdurchschnittlichen Ausschußquote (Bruch und zweite Wahl) niederschlugen.

Während in den Jahren 1955 bis 1960 Gewinne von über 1,2 Millionen DM erzielt wurden, entstanden seit 1963 nur noch Verluste. Diese Entwicklung der Firma Süßmuth war der Belegschaft – und über sie auch der Gewerkschaft – zwar bekannt, wenn auch nicht in dem Maße, wie es zur Verhinderung der Krise des Mai 1969 erforderlich gewesen wäre. Bekanntlich haben ja die Arbeitnehmer und deren organisierte Interessenvertretung kein Recht, in die Geschäftsbücher

Einblick zu nehmen. So können sie weder die Gewinne noch die Verluste ihrer Arbeit kontrollieren.

Allerdings war schon vor der Zuspitzung der Krise im Mai 1969 das Hessische Wirtschaftsministerium von Dr. Hämer, dem Unternehmensberater der Glashütte Süßmuth, darüber informiert worden, daß Sofortmaßnahmen erforderlich wären, um einen Konkurs im Jahre 1969 zu vermeiden.[5] Staatssekretär Härtl erklärte, das Risiko einer staatlichen Finanzierungshilfe für die notwendigen Investitionen sei zu groß geworden. Richard Süßmuth wurde empfohlen – und er erklärt sich damit einverstanden –, daß über das Wirtschaftsministerium mit interessierten Unternehmungen Kontakte aufgenommen würden, um einen eventuellen Verkauf der Firma oder eine Mehrheitsbeteiligung in die Wege zu leiten. Entsprechende Annoncen erschienen gegen Ende Mai in verschiedenen Zeitungen. Realistischerweise wurden die Aussichten, einen Käufer oder kapitalkräftigen Teilhaber zu finden, als „nicht sehr rosig" eingeschätzt.

Die ernste Sorge um die Erhaltung der fast dreihundert Arbeitsplätze führte zu einem außerordentlich starken Engagement der Hessischen Landesregierung. Die Absicht, die Hütte zu verkaufen, konnte nicht geheim bleiben. So entstand die zusätzliche Gefahr, daß sich ein Teil der jungen, hochqualifizierten Glasarbeiter nach Arbeit in einem anderen Betrieb umsehen würde. Für diese Glasmacher wäre es relativ leicht gewesen, neue Arbeitsplätze zu finden. Die Folge wäre aber gewesen, daß der Verlust dieser Facharbeiter die Sanierung des Betriebes unmöglich gemacht hätte: das „Kapital" der Glashütte bestand – wenn man einmal von dem Namen „Süßmuth" als auf dem Markt eingeführte und geschätzte Marke absieht – wesentlich aus diesem Facharbeiterstamm.

Die Überlegung lag also nahe, ob nicht dieses lebendige Kapital, nämlich die produzierende Belegschaft selbst, entscheidend zur Erhaltung der Hütte beitragen konnte, nachdem sich der Privatunternehmer als unfähig erwiesen hatte. In den Gesprächen einer Betriebsdelegation und der Bezirksleitung Hessen der Industriegewerkschaft Chemie-Papier-Keramik mit der Landesregierung wurde die Möglichkeit erwogen, in Form einer Selbstverwaltung durch die Belegschaft einen Ausweg aus den fast unüberwindlich erscheinenden Schwierigkeiten zu finden.

Die Unruhe unter der Belegschaft verstärkte sich in dem Augenblick, als einige Kaufinteressenten durchblicken ließen, daß im Falle der Übernahme des Betriebs die Zahl der Belegschaft reduziert werden müßte. Auch diese Ankündigung war ein wichtiger Faktor bei der Erwägung, den Betrieb der Selbstbestimmung der Belegschaft zu übergeben, denn nur wenn der Betrieb in Arbeitnehmerhand läge, darüber waren sich die Arbeiter und Angestellten der Glashütte bald klar, bestand noch eine echte Chance, die Sicherheit der Arbeitsplätze zu garantieren.

Dieser von mir damals als „lang, dornenreich und steinig" bezeichnete Weg konnte letztlich nur gegangen werden, weil die Facharbeiter und ein beträchtlicher Teil der Belegschaft ein hervorragendes gewerkschaftliches Bewußtsein hatten. Denn dieses Bewußtsein von der Kraft, dem Können und der Bedeutung der Arbeiter in einer Gesellschaft, die ihn zum bloßen Werkzeug degradiert, indem sie ihn einfach als „Ware" Arbeitskraft auf dem Arbeitsmarkt – je nach Angebot und Nachfrage – kauft oder entläßt, war einer der entscheidenden Faktoren für die Bereitschaft der Glasarbeiter, ihren Betrieb in eigener Regie zu führen.

Aber noch hatte der Unternehmer Süßmuth die Verfügungsgewalt über seinen Betrieb. In den Monaten Juni und Juli 1969 wurden deshalb weiterhin Verkaufsverhandlungen geführt. Gleichzeitig habe ich mich als Bezirksleiter der Industriegewerkschaft Chemie mit schonungsloser Offenheit in den Betriebsversammlungen an unsere Kollegen gewandt und ihnen den Ernst der Lage geschildert. Ich appellierte eindringlich an alle Kollegen, die Belegschaft zusammenzuhalten, da sonst vor allem die einzige Existenzgrundlage ihrer älteren Mitarbeiter in Frage gestellt sei. Nicht zuletzt durch diese Betriebsversammlungen ist es gelungen, eine panische Reaktion einzelner Arbeiter zu vermeiden und eine große Solidarität herzustellen. Es wirkte allerdings auch beruhigend auf die Belegschaft, daß die Gewerkschaft das Bereitstellen der gefährdeten Lohngelder garantierte. Denn in dieser Beziehung war der kritische Punkt schon fast erreicht, als die Firma Süßmuth in den Monaten Juli und August tarifvertragsgemäß das Urlaubsgeld, zusammen mit dem Urlaubsentgelt, auszahlen mußte.

Es wäre müßig, heute noch danach zu forschen, auf welchen Tag das Geburtsdatum des „Modells Süßmuth" zu datieren ist. Fest steht in jedem Fall, daß der Monat Juli die entscheidende Wende brachte. Am 9. Juli 1969 erklärte Richard Süßmuth sich schriftlich damit einverstanden, daß, falls die anzustellenden Überlegungen für die Fortführung der Firma als „Genossenschaftshütte" positiv ausfallen, und er keine andere Lösung fände, dieser Plan von ihm gebilligt und mit allen Kräften unterstützt werde. Damit ist, wenn man so will, das historische Datum, an dem die Bereitschaft ausgesprochen wurde, den Betrieb der Belegschaft zu übergeben, eindeutig gesetzt. Aber zugleich muß man wissen, daß Richard Süßmuth nicht bereit war, dieses grundsätzliche Einverständnis in die Praxis umzusetzen und in eine juristisch bindende Form zu kleiden. Er wiegte sich immer noch in der stillen Hoffnung, daß er durch irgendein Wunder weiterhin der „Herr im Hause" seines Betriebes bleiben könnte. Und es kann auch als erwiesen angesehen werden, daß ihm aus durchaus eigennützigen Gründen von bestimmter Seite Hoffnungen auf eine Sanierung seines Betriebes gemacht wurden. Kurz: Es muß beim Zustandekommen des Modells Süßmuth auch der langanhaltende äußere Widerstand des Unternehmers Richard Süßmuth erwähnt werden – ein Widerstand, der sich noch fast ein Jahr, nämlich bis zum März 1970, hinzog und damit endete, daß sich der einst so stark im Licht der Öffentlichkeit stehende Mann in den Schmollwinkel seines auf dem Werksgelände stehenden Hauses zurückzog. Den Ruhm, seine Belegschaft „mit allen Kräften" – und sei es auch nur ideell – unterstützt zu haben, hat sich Richard Süßmuth nicht mehr gegönnt.

Eine weitere große Schwierigkeit war zu bewältigen. Wer sollte die Finanzierungshilfen für die unbedingt zur Sanierung des Betriebes erforderlichen Investitionen geben? Spätestens im August 1969 war klargeworden, daß für die hochverschuldete Glashütte kein Käufer gefunden werden konnte. Und auch für eine Mehrheitsbeteiligung war kein gnädiger Unternehmer aufzutreiben, der seinem Unternehmerkollegen Süßmuth solidarisch hätte helfen wollen.

Die Finanzierungsfrage stellte sich um so brennender, als nunmehr erkennbar wurde, daß das künftige Modell Süßmuth nicht nur einer mehr oder minder wohlwollenden Kritik, sondern auch handfester Anfeindungen von verschiedenen Seiten der gesellschaftlich relevanten Interessengruppen ausgesetzt sein würde. So mußte auf jeden Fall, um dem böswilligen Wort von der „Sozialisierung der Pleiten" zu begegnen und eine staatliche Finanzierungshilfe überhaupt zu ermöglichen, erst einmal festgestellt werden, ob sich der Betrieb in Zukunft würde halten können.

Von den besten Fachleuten der Hessischen Landesregierung wurde deshalb eine sehr genaue Untersuchung der Rentabilitätschancen des Betriebs vorgenommen. Sie beruhte teilweise, aber keineswegs allein, auf den mehr grundsätzlichen Feststellungen des Gutachtens von Dr. Hämer und anderen, in dem darüber Übereinstimmung herrschte, daß „Glas, insbesondere mundgeblasenes Glas . . . im breiten Publikum mit steigendem Lebensstandard" eine echte Marktchance habe.[6]

Das von der Landesregierung erstellte Gutachten kam ebenfalls zu dem Schluß, daß die vorhandene und voraussehbare Marktlage eine erfolgreiche Weiterführung des Betriebes verspreche. Eine Ertragsvorschau ergab unter Zugrundelegung der notwendigen Investitionen – die von Klaus Boerner, dem Geschäftsführer der Firma mit 1,5 Millionen DM veranschlagt wurden – ein realistisches Bild von den möglichen Steigerungen der Umsatzerlöse, der Betriebsleistung, des Betriebsergebnisses und des Jahresgewinns. Trotz der hoffnungsfrohen Prognosen haben sich dann die Verhandlungen über die staatliche Finanzierungshilfe über ein Jahr hingezogen – ein Zeitraum, der zweifellos den Anlauf des Modells Süßmuth unnötig stark erschwert, wenn nicht ernsthaft gefährdet hat.

Als Ursache für die Verzögerung kann angeführt werden, daß zwar bei den Verhandlungen mit der Hessischen Landesregierung bald von der Tatsache ausgegangen wurde, daß sich für die Glashütte Süßmuth kein privater Käufer und auch kein Teilhaber fände, aber die logische Folgerung, den Betrieb – und damit die Arbeitsplätze – durch Übergabe des Betriebs an seine Belegschaft zu erhalten, war doch zu außergewöhnlich, um mit größerer Entschlossenheit den ersten Schritt zu gehen. Die letzten Bedenken waren erst im Dezember 1969 ausgeräumt, als der zuständige Vertreter des Hessischen Wirtschaftsministeriums erklärte, die Erhaltung der Arbeitsplätze sei die primäre Aufgabe, völlig sekundär sei dagegen die Frage, wem der Betrieb gehöre.

3. Die Neuorganisation

Nun galt es natürlich, ein leistungsfähiges Management für den Betrieb zu finden. Richard Süßmuth, der Boss des Betriebes, schied aus. Und da seinen Untergebenen, selbst jenen, die in verantwortungsvollen Positionen ihre Arbeit getan hatten, wenig oder keine Entfaltungschancen und Wirkungsmöglichkeiten gegeben worden waren, ließen sich aus diesen Reihen seiner Mitarbeiter die notwendigen Führungspositionen nicht besetzen. Hinzu kam noch, daß der damalige technische Betriebsleiter die Glashütte zum 1. 1. 1970 verließ.

An das neue Management wurden besondere Anforderungen gestellt: Es mußte zuerst einmal die fachlichen Voraussetzungen für die zu lösenden schweren Aufgaben mitbringen, es mußte weiterhin der Landesregierung gegenüber eine gewisse Garantie bieten, die in Aussicht gestellte staatliche Finanzierungshilfe sachverständig anzulegen und verantwortungsbewußt zu verwalten, und schließlich, was durchaus nicht von untergeordneter Bedeutung war, ja – strenggenommen – den Kern der Anforderungen darstellte, das neue Management mußte bereit sein, seine vom üblicherweise hierarchisch geordneten Betrieb abweichende Position im Modell Süßmuth anzuerkennen und gleichzeitig fähig, die Anerkennung der Belegschaft und ihrer Vertretungsgremien zu finden.

Nachdem Richard Süßmuth endlich im März 1970 – nach langen und schweren Auseinandersetzungen mit sich selbst, aber auch mit seiner Belegschaft, die immer ungeduldiger auf die Einlösung seines Versprechens der Betriebsübergabe drängte – bereit war, auch notariell zu bekunden, die Glashütte der Belegschaft zu überlassen, konnte im Mai 1970 das neue Management der Landesregierung vorgestellt werden.

Es wäre ein gründlicher Irrtum anzunehmen, dieses Modell sei fix und fertig im Kopf eines einzelnen oder eines Teams vorhanden gewesen. Im Gegenteil: Es mußte – fast spontan – aus den denkbar ungünstigsten gegebenen Umständen und aus der praktischen Erfahrung mit den Betriebsverhältnissen gewonnen werden. Die Entwicklungsgeschichte des Modells Süßmuth – von den Verhandlungen mit der ehemaligen Geschäftsleitung, ihren Rechtsanwälten, über die Verhandlungen mit der Hessischen Landesregierung und den Banken, bis zu den Besprechungen mit dem Hauptvorstand der zuständigen Gewerkschaft – schlug sich schließlich in der neugefundenen Betriebsverfassung nieder.

Keine Verfassung oder kein so völlig neues Modell einer Organisation ist allerdings jemals anders entstanden. Immer waren sie zugleich

Idee und Ausdruck von Interessen. Und je nach Machtkonstellation setzte sich durch, was als „vernünftig" eingesehen werden mußte.

Im Mittelpunkt der ganzen Entwicklungsgeschichte stehen die Arbeiter und Angestellten des Betriebs. Allein das hohe Niveau des Facharbeiterstammes hat im gesamten Überführungsprozeß eine entscheidende Rolle gespielt. Bereits in einem relativ frühen Entwicklungsstadium – Mitte 1969 – erhielt die Gewerkschaft das Zugeständnis, in alle Unterlagen des Betriebes Einsicht zu nehmen. Sie sah sich dadurch in der Lage, die Belegschaft über die technische und wirtschaftliche Situation ihres Betriebes zu informieren und sie im Hinblick auf die künftig notwendigen Schritte zu beraten.

Unterstützt von einigen wissenschaftlichen Assistenten und Studenten der Frankfurter Universität entwickelte ein Teil der Belegschaft – von der Hoffnung beflügelt, ihre Arbeitsplätze sichern zu können – eine erhebliche Aktivität im Betrieb. Eine der wichtigsten Voraussetzungen für die Verwirklichung der Idee der Selbstverwaltung, nämlich die Vorgänge und Zusammenhänge des Betriebsgeschehens, vor allem aus betriebswirtschaftlicher, volkswirtschaftlicher und politischer Sicht so transparent wie möglich zu machen, wurde an verschiedenen Punkten sogleich in Angriff genommen. Im Vordergrund mußte jedoch zwangsläufig die pragmatische Seite der Probleme gesehen werden. So gelang es zum Beispiel, sich konkrete Vorstellungen über das mangelhafte Warensortiment im Lager des Betriebs zu machen und auf wirksame Abhilfe zu sinnen. Oder es wurden die vielfältigen Ursachen der schon erwähnten überdurchschnittlichen Ausschußquote (Bruch und zweite Wahl) kritisch analysiert und mit praktischen Veränderungen begonnen.

Es versteht sich, daß die wirtschaftliche Effektivität dieser ersten Bemühungen zu einer Zeit, in der Richard Süßmuth – trotz aller erklärten Abdankungsabsichten – noch die volle Verfügungsgewalt über sein Eigentum innehatte, nicht sonderlich groß sein konnte. Die Hoffnung jedoch, den Betrieb bald in eigene Regie zu übernehmen sowie die Gelegenheit, wenn auch mit vorerst sehr eingeschränkter Einwirkungsmöglichkeit der Arbeiter auf die Gestaltung der Produktion, schufen unter der Belegschaft ein Klima, das sich – milde ausgedrückt – in einer erheblichen Stärkung ihres Selbstbewußtseins und Selbstvertrauens widerspiegelte. So wollten sie bald nicht mehr nur passiv das „Geschenk" eines heruntergewirtschafteten Betriebes von dem im kapitalistischen Konkurrenzkampf ausgeschiedenen Unternehmer Richard Süßmuth annehmen, sondern sie forderten mit zunehmender Bestimmtheit, mit verstärkter Hartnäckigkeit und schließlich mit einer Reihe von Demonstrationen in der Stadt Immenhausen, daß Süßmuth sein Versprechen, den Betrieb aus seiner Hand in Arbeitnehmerhand zu geben, endlich wahrmachen möge.

Die im Prozeß der Auseinandersetzung zu beobachtende ständige Bewußtseinssteigerung der Arbeiter und Angestellten der Glashütte Süßmuth drückte sich allein schon in einer keineswegs für eine solche

Situation gewöhnlichen Erscheinung aus: trotz der sehr langwierigen Verhandlungen, dem Auf und Ab der Zwischenergebnisse und den entsprechenden Stimmungen im Betrieb, der sich doch immerhin wie ein sinkendes Schiff ausnahm, haben nur ganz wenige Belegschaftsmitglieder die Hütte verlassen. Von dieser Seite her ist also das Modell niemals – auch nicht einen Augenblick – ernsthaft in Frage gestellt worden.

4. Die Grundzüge des Modells

Wie sieht nun die Konzeption dieses Modells aus? Drei Hauptziele müssen durch dieses Modell verwirklicht werden, wenn es mehr sein will als eine bloße Notlösung.

1. Es hat den Arbeitern und Angestellten ein Höchstmaß an Einflußnahme und Beteiligung am Willensbildungsprozeß des Unternehmens zu gewähren. Selbstverwaltung heißt hier Selbstbestimmung.

2. Es hat die Vermögensbeteiligung aller im Produktionsprozeß stehenden – in einer stufenweise zu regelnden Form – sicherzustellen.

3. Es muß sowohl für die Zusammenarbeit im Unternehmen (einschließlich Eintritt und Ausscheiden von Arbeitnehmern) ein möglichst praktikables technisches Instrumentarium bieten, das zugleich auch für die Geschäftspolitik nach außen geeignet ist.

Wer nun allerdings glaubt, diese Prinzipien ließen sich – da wir ja in einem freien Land mit garantierter Vertragsfreiheit leben – einfach in einen Vertrag einbringen, der irrt. Wer einen solchen Vertrag formuliert, sieht sich nämlich gezwungen, auf die gesetzlich zugelassenen Gesellschaftsformen zurückzugreifen, um dann, auf dem Wege der zulässigen Ausfüllung dieser Form, respektive der Kombination mehrerer Formen, zu dem gewünschten Ergebnis zu gelangen.[7]

Natürlich bot sich unter sämtlichen Gesellschaftsformen zuallererst die aus der Tradition der Arbeiterbewegung geborene Genossenschaft an. Weil diese Form damals kurz erwogen wurde, spricht man heute noch manchmal fälschlicherweise von der „Genossenschaftshütte" Süßmuth. Aber die an der Formulierung des Vertrages Beteiligten haben von dieser Idee bald wieder Abstand genommen. Und dies trotz der Tatsache, daß sie den Vorteil der unmittelbaren Beteiligung aller Genossen, also in dem Falle Süßmuth aller Arbeitnehmer, am Unternehmen selbst und am Entscheidungsprozeß im Unternehmen gebracht hätte.

Es wurde von der Gründung einer Genossenschaft im wesentlichen aus zwei Gründen abgesehen:

1. Der Ein- und Austritt von Genossenschaftsmitgliedern ist recht umständlich und schwerfällig. Neue Arbeitnehmer würden erst mit der Eintragung in die bei Gericht zu hinterlegende Genossenliste vollberechtigte Mitglieder werden können. Jedes Genossenschaftsmitglied

könnte immer erst am Ende eines Geschäftsjahres ausscheiden, wobei es noch eine dreimonatige Kündigungsfrist beachten müßte. So könnte es geschehen, daß die Genossenschaft noch Mitglieder aufweist, die längst nicht mehr im Unternehmen arbeiten. Damit wäre die Idee der Selbstverwaltung des Betriebes durch die Mitglieder des Betriebes im Ansatz durchbrochen.

2. Jedes Genossenschaftsmitglied müßte vertragsgemäß einen Geschäftsanteil übernehmen und würde darüber hinaus mithaften. Dieser Haftung ist jeder Genosse auch noch nach seinem Ausscheiden ausgesetzt, sofern die Genossenschaft innerhalb von 18 Monaten nach seinem Austritt in Konkurs gerät.[8]

Aus wohlerwogenen Gründen wurde eine kombinierte Form gewählt, deren beide Seiten eng miteinander verzahnt sind. Es handelt sich dabei einmal um den „Verein der Beschäftigten der Glashütte Süßmuth GmbH" und daneben um die „Glashütte Süßmuth GmbH" selbst. Die Gründung des Vereins und der Gesellschaft erfolgte im Herbst 1970.

In welcher Weise ist nun erreicht worden, daß den Arbeitern und Angestellten der Glashütte ein Höchstmaß an Einflußnahme, an Beteiligung am Willensbildungsprozeß des Gesamtunternehmens und damit die Selbstbestimmung gewährt wird?

Die Mitgliederversammlung ist das oberste Beschlußorgan des Vereins. Der Verein ist identisch mit der Belegschaft. Die Mitgliederversammlung hat die Aufgabe

1. den Geschäftsbericht über das vorangegangene Geschäftsjahr entgegenzunehmen,
2. den Vorstand zu entlasten und
3. einen neuen Vorstand zu wählen.

Der Vorstand ist – und darin besteht die eigentliche Verzahnung zwischen dem Verein der Beschäftigten der Glashütte Süßmuth GmbH und der GmbH selbst – mit den zehn das Stammkapital treuhänderisch haltenden Gesellschaftern identisch. Die zehn Gesellschafter bilden die Gesellschafterversammlung.

Die Gesellschafterversammlung – so ist es im Gesellschaftsvertrag der Glashütte festgelegt – hat folgende Kompetenzen

– Bestellung, Entlastung und Abberufung der Geschäftsführer;
– Prüfung und Überwachung der Geschäftsführung;
– Entgegennahme schriftlicher Berichte über die Geschäftslage;
– Entscheidung über die Verwendung der Gewinne.

Juristisch liegt also die letzte Verantwortung für alle wirtschaftlich-technischen Fragen eindeutig bei der Gesellschafterversammlung. Faktisch liegt sie jedoch bei der Geschäftsführung, wenn Fehlentscheidungen verantwortet werden müssen, weil gewährleistet ist, daß den Geschäftsführern (zur Zeit ist es nur einer, nämlich Klaus Boerner, der Schwiegersohn von Richard Süßmuth) ein angemessener freier Handlungs- und Entscheidungsspielraum bleibt.

Für die Übergangsperiode ist der Vorstand „zunächst" für die Dau-

Derzeitige Konstruktion der Glashütte Süßmuth GmbH

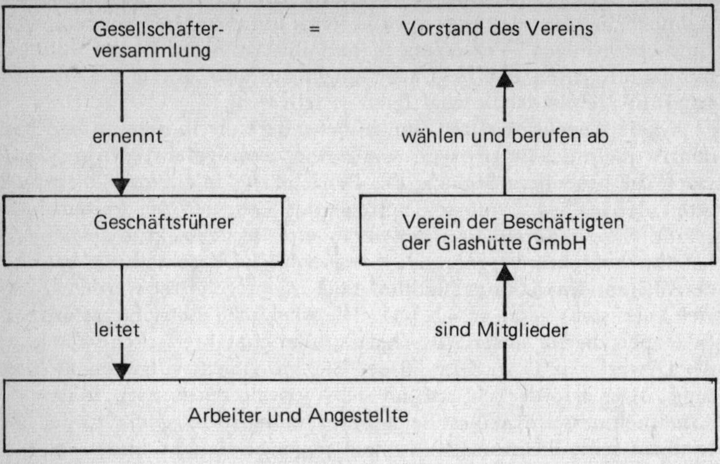

er von drei Jahren von der Belegschaft gewählt worden. „Nach Ablauf dieser Zeit“ – so sieht es die Satzung vor – „soll der Vorstand im Rotationsverfahren gewählt werden.“ Es ist also die Absicht, daß das oberste ausführende Organ der Glashütte nicht in „Erbpacht“ von zehn Arbeitnehmern gerät, sondern daß die Ersetzung jeweils eines Teils des Vorstandes nach demokratischen Grundsätzen gesichert ist.

Der Vorstand in seiner Gesamtheit – oder auch das einzelne Mitglied – kann aber auch jederzeit mit den Stimmen von mehr als der Hälfte der Vereinsmitglieder abberufen werden, wenn sich ebenfalls mehr als die Hälfte der Hauptversammlung auf einen neuen Vorstand bzw. ein neues Vorstandsmitglied einigt. Es handelt sich hier um ein „konstruktives Mißtrauensvotum“, das die Kontinuität der Gesellschafterversammlung garantiert.

Es ist einzusehen, daß ein so großes Gremium wie die Mitgliederversammlung nur eine begrenzte, d. h. nicht jede Einzelentscheidung betreffende „Einflußnahme und Beteiligung am Willensprozeß“ praktisch ausüben kann. Selbst die in der Satzung vorgesehenen außerordentlichen Mitgliederversammlungen ändern an diesem Sachverhalt nur wenig.

So wählte denn – bis zur Verabschiedung des neuen Betriebsverfassungsgesetzes – satzungsgemäß die Mitglieder- oder Hauptversammlung einen Betriebsausschuß, der dem herkömmlichen Betriebsrat entsprach, aber nicht nur dessen, sondern wesentlich darüber hinausgehende Rechte besaß. Heute fungiert dieser Ausschuß wieder als Betriebsrat. Maßnahmen der Geschäftsführer in personellen und sozialen Angelegenheiten bedürfen der Zustimmung des Betriebsrates. Wird die Zustimmung nicht erteilt, so tritt zwar die Entscheidung zunächst in Kraft, aber die letzte Entscheidung über das anstehende Problem obliegt dann wieder der Mitgliederversammlung. Selbstverständlich hat der Betriebsrat volle Mitbestimmung bei Einstellungen, Umgruppierungen, Versetzungen und Entlassungen. Ferner sollte er mit darauf achten, daß bei Einstellungen auch ein Antrag auf Mitgliedschaft im Verein der Beschäftigten gestellt wird.

Soziale Angelegenheiten sind insbesondere die in den entsprechenden Artikeln des Betriebsverfassungsgesetzes aufgeführten Aufgaben.[9] Doch die besondere Stellung des Betriebsrates in einem selbstverwalteten Betrieb wird von den bestehenden Gesetzen bei weitem nicht erfaßt. Sie ist durch die völlig veränderte Besitzstruktur des Modells Süßmuth objektiv vorgegeben. Ihre inhaltliche Beschreibung kann im derzeitigen Entwicklungsstadium noch nicht geleistet werden.[10] Soviel aber steht jetzt schon fest: Die klassische Betriebsratsfunktion (wie auch die für unser Wirtschaftssystem charakteristische Funktion der Gewerkschaft) wird im Modell Süßmuth nicht aufgehoben. Allerdings ist es erforderlich, daß im selbstverwalteten Betrieb, in dem die Arbeitnehmerseite volles Selbstbestimmungsrecht genießt, der Betriebsrat seine Position jeweils ganz genau bestimmen muß, weil er – je nach Lage der Dinge – Vertreter der Belegschaft gegenüber dem Betriebsganzen oder Vertreter des Betriebsganzen gegenüber Einzelinteressen sein muß.

Über die wirtschaftlichen Angelegenheiten ist der Betriebsrat durch die Geschäftsführer zu informieren. Beschlüsse des Betriebsrates, die wirtschaftliche Probleme der Glashütte betreffen, sind der Gesellschaftsversammlung mitzuteilen. So ist die Gewähr gegeben, daß Fehlentscheidungen größeren Ausmaßes frühzeitig erkannt und abgestellt werden können.

Neben dem Betriebsrat können bei Bedarf – auch für Einzelfälle – weitere Ausschüsse (eine Art „Sonderausschüsse“) gebildet werden, über deren Arbeit im Zusammenhang mit den praktischen Erfahrungen der Selbstverwaltung des Betriebes durch die Belegschaft noch gesprochen werden muß.

Mit diesen skizzenhaften Ausführungen sind die in Punkt 1 und 3 genannten Hauptziele des Modells, die Frage der Selbstverwaltung und des dazu erforderlichen Instrumentariums zumindest so weit verdeutlicht, wie dies für eine vorläufige Einführung in das Selbstverwaltungsmodell Süßmuth erforderlich erscheint. Es bleibt allerdings noch der Punkt 2 übrig, der in der Beantwortung der Frage besteht: Wie weit ist der einzelne Arbeitnehmer, der ja nun zugleich auch Mitglied des Vereins der Beschäftigten und somit „Teilhaber“ oder „Miteigentümer“ der GmbH ist, am zu erzielenden Gewinn des Unternehmens beteiligt? Dazu ist vor allem erst einmal festzuhalten: Wesentlicher Bestandteil seines Einkommens ist und bleibt auch für den Arbeiter der Glashütte Süßmuth der Arbeitslohn, für den Angestellten das Gehalt. Die Einkommenshöhe wird durch Tarifvertrag – abgeschlossen zwischen der gewerkschaftlichen Tarifkommission und der Geschäftsführung – geregelt.

Die Frage nach dem Verbleib oder der Verteilung der Gewinne ist vorerst theoretischer Natur, da der Betrieb hoch verschuldet war und seine Sanierung noch nicht abgeschlossen ist. Allerdings wird nach einer Zeit der Konsolidierung die Glashütte wieder die Gewinnschwelle überschreiten. Ganz abgesehen von den kurzfristig notwendig gewesenen Investitionen, die eine große zusätzliche Belastung für den Betrieb bedeuten, werden die erzielten Gewinne auch dann noch zu einem bedeutenden Teil der Eigenfinanzierung des Betriebes zugeführt werden, wenn die Schulden weitgehend oder ganz bezahlt sind. Denn nur so kann diese selbstverwaltete Glashütte ihre Wettbewerbsfähigkeit auf dem Markt unseres in zunehmendem Maße von Monopolen beherrschten Wirtschaftssystems erhalten.

Neben der Eigenfinanzierung der produktiven Investitionen sollen die erwirtschafteten Gewinne auch betriebseigenen Sozialinvestitionen zugeführt werden. Dazu gehören so banale, aber für eine menschenwürdigere Arbeitssituation äußerst wichtige Einrichtungen wie saubere Toiletten, Wasch- und Umkleideräume, eine freundliche Kantine mit gutem und billigem – sicher eines Tages auch kostenlosem – Mittagstisch und eine Reihe von Maßnahmen, die der Sicherheit am Arbeitsplatz sowie der Gesunderhaltung der Belegschaft dienen. Bessere Arbeitsbedingungen und vorbildliche Sozialeinrichtungen, nicht zuletzt aber auch Weiterbildungs- und Erholungsmöglichkeiten werden eine besondere Art von „Gewinnbeteiligung“ sein, die jedem – ganz gleich, ob er zu den Spitzenverdienern oder zu jenen gehört, die weniger verdienen – zugute kommt.

Darüber hinaus besteht die Möglichkeit, eine permanente Gewinnverteilung über höhere Einkommen jedes einzelnen entsprechend seiner konkreten Leistung vorzunehmen. Ein höherer Lohn, ein höheres Gehalt wäre der unmittelbarste Ausdruck der Teilhabe am erwirtschafteten Gewinn. Die vielfältigen Möglichkeiten der Eigentumsbildung und der Gewinnbeteiligung sind hier nicht erschöpfend zu behandeln, aber soviel kann gesagt werden: Die Belegschaft ist der Souverän des Betriebs. Sie wird in voller Selbstbestimmung und Eigenverantwortung zu entscheiden haben, wie sie den selbst erarbeiteten Mehrwert umverteilt.

Die Frage der „Verteilung von Gewinnen“ ist selbstverständlich in die Konzeption des Modells Süßmuth einbezogen. Die Mitgliederversammlung des Vereins – praktisch die Belegschaft – wählen den Vorstand, der mit den zehn Gesellschaftern identisch ist. Die Gesellschafter sind durch den Gesellschaftsvertrag verpflichtet, das Stammkapital der „Glashütte Süßmuth GmbH“ treuhänderisch für alle Beschäftigten zu verwalten. Im Gesellschaftsvertrag ist denn auch in Übereinstimmung mit den schon geschilderten Grundvorstellungen über die Teilhabe festgelegt: „Die Gesellschaft schüttet während der ersten vier Jahre keine Gewinne aus.“

Die Gesellschafterversammlung kann sich bei ihrer Arbeit

auf ein weiteres Gremium stützen – den Beirat. Dieser Beirat – wie die Gesellschafterversammlung aus zehn Mitgliedern bestehend – wurde aus wohlerwogenen Gründen in den Gesellschaftsvertrag eingebaut. Er setzt sich aus Gesellschaftern, Vertretern der Gewerkschaft, der Banken und weiteren Mitgliedern zusammen. Der Beirat wird von der Gesellschafterversammlung berufen und abberufen und hat gegenüber dieser und den Geschäftsführern lediglich beratende Funktion. Im Einzelfall können dem Beirat durch die Gesellschafterversammlung besondere Aufgaben übertragen werden.

Schließlich gilt es auch noch einige Ausführungen zur Geschäftsführung zu machen. Denn sie spielt keineswegs eine nebensächliche oder gar untergeordnete Rolle in diesem Modell. Im Gegenteil: Bei meinen Ausführungen über die Rolle Richard Süßmuths beim Aufstieg und Niedergang der Glashütte hat sich ja gezeigt, daß nicht nur strukturelle, objektive Ursachen den Betrieb dem Abgrund zutreiben ließen, sondern auch das persönliche Versagen des Unternehmers.

Die Sorge der Belegschaft, ein fachlich geeignetes und in das Modell sich einfügendes Management zu finden, war nicht zuletzt durch die Einsicht bedingt, daß der Geschäftsführung beim Gelingen der Übernahme des Betriebes durch die Arbeiter eine entscheidende Bedeutung zukommen werde.

Im Vergleich zum früheren Management hat sich die Stellung der jetzigen Geschäftsführung entscheidend verändert. Dies drückt sich vor allem darin aus, daß sie von dem obersten Gremium der Beschäftigten, der Gesellschafterversammlung, bestellt und abberufen werden kann. Formal ist also die Problematik klar. Inhaltlich allerdings bleiben noch viele Fragen offen.

Zuerst einmal muß der sehr bedeutende Informationsvorsprung der Geschäftsführung gegenüber der Belegschaft und der Gesellschafterversammlung gesehen werden. Die Kollegen des Betriebes – auch die qualifiziertesten – sind außerstande, von Beginn an die ganze Fülle der zu lösenden Aufgaben klar zu sehen und alle für richtige Entscheidungen notwendigen Fakten sich anzueignen. Das soll keineswegs besagen, der Vorsprung könne nicht ganz entscheidend verringert, ja von einigen Arbeitern oder Angestellten auf längere Sicht sogar aufgeholt werden. Ginge man nicht davon aus, dann wäre jede Anstrengung in Richtung Mit- oder gar Selbstbestimmung unsinnig. Und das Modell Süßmuth ist das formal realisierte Prinzip der Selbstbestimmung – also der höchsten Form jeder denkbaren Mitbestimmung.

Nun haben ja Arbeitnehmer der Glashütte Süßmuth am eigenen Leibe erfahren können, wohin sie ein unfähiges Management – dem sie ohne jegliche Mitbestimmung in wirtschaftlichen Fragen hilflos ausgeliefert waren – gebracht hat. Aus diesen schlechten Erfahrungen der Vergangenheit haben sie gelernt. Und sie gaben den Ansporn, die „Dinge“ – nicht nur auf dem Papier – „in die Hand zu nehmen“, sondern theoretisch wie praktisch zu bewältigen. Die Geschäftsführer, die aus „normalen“, d. h. aus privatwirtschaftlichen Betrieben für

Süßmuth gewonnen werden, haben nun die doppelt schwere Aufgabe, unter demokratischer Kontrolle und unter ungünstigsten ökonomisch-technischen Startbedingungen die ihnen gestellte Aufgaben bewältigen zu müssen.

Inzwischen sind zwei der drei Geschäftsführer von der Belegschaft entlassen worden. Diesen war es nicht möglich, sich den neuen Verhältnissen anzupassen, wie dies zum Vorteil des Betriebes nötig gewesen wäre. Sie haben durch Mißachtung des Prinzips der Arbeiterselbstverwaltung nicht nur wirtschaftlichen, sondern auch großen psychologischen Schaden angerichtet. Denn sie machten nicht nur Fehlinvestitionen, sondern zerstörten damit zugleich einen großen Teil des Vertrauens der Arbeiter und Angestellten in die Möglichkeiten, die sich für sie aus der Selbstverwaltung ergeben können. Es bedurfte großer Anstrengungen seitens des jetzigen Geschäftsführers, dieses verlorengegangene Vertrauen wiederherzustellen.

Dies ist nur möglich, wenn die gesamte Belegschaft als Verein, zusammen mit ihrem Vereinsvorstand, der zugleich die Gesellschafterversammlung bildet, durch den Geschäftsführer, den technischen und den Verkaufsleiter, ständig über alle Probleme informiert wird, während umgekehrt die Belegschaft, der Betriebsrat und die Vertrauensleute in den einzelnen Abteilungen – allerdings unter Berücksichtigung der Gesamtinteressen ihres Betriebes – die Geschäftsführung mit den konkreten Schwierigkeiten am Arbeitsplatz, im Arbeitsprozeß konfrontieren müssen.

Die zentrale Schwierigkeit besteht nun darin, die notwendige Kontrolle und den unbedingt erforderlichen ständigen Meinungsaustausch zwischen allen am Betriebsgeschehen Beteiligten, vor allem zwischen Belegschaft, Gesellschaftsversammlung und Geschäftsführung nicht so weit zu denaturieren, daß der Elan, daß die Initiative irgendeiner Seite durch eine andere gelähmt wird.

Der Informationsvorsprung der Geschäftsführung gegenüber den Arbeitern und den meisten Angestellten des Betriebes ist eine Tatsache, von der ausgegangen werden muß. Und eine andere Tatsache ist es, daß viele der Beschäftigten nicht in der Lage sind, die abstrakten Abläufe des betriebs- und volkswirtschaftlichen Gesamtgeschehens zu durchschauen. Sie sind die unschuldigen Erben eines schlechten Bildungssystems, einer fatalen Entpolitisierung und einer auf Befehl und Gehorsam, nicht auf Eigenverantwortlichkeit, Mit- oder gar Selbstbestimmung aufgebauten Betriebsorganisation.

Jeder, der diese Probleme unserer Gesellschaft auch nur annähernd kennt, vermag sich vorzustellen, was sie konkret bei der Übernahme eines Betriebes – dessen Selbstverwaltung gar nicht angestrebt, sondern durch äußere Umstände erzwungen worden war – bedeuten. Und jeder, der dies begreift, der ist auch in der Lage abzuschätzen, welcher gewaltigen Anstrengungen es noch bedarf, bis aus der formalen Selbstbestimmung eine wirkliche, eine lebendige Selbstbestimmung werden kann. Die aber von alledem nichts ahnen, die Kritiker, die nicht aus

Böswilligkeit, sondern aus Unwissenheit meinen, nun müsse entweder gleich alles ganz paradiesisch ideal sein, andernfalls solle man die Sache doch lieber wieder einem „tüchtigen" Privatunternehmer in die Hand geben, die sollten sehen, daß sich solche Unternehmer erst dann finden lassen, wenn der Betrieb so weit saniert ist, daß er wieder Profit abwirft. Jetzt aber, in der Periode der Umstellung, der Sanierung, sind es mehr denn je der Fleiß, der Mut und die Geduld der Belegschaft, die den Betrieb tragen. Ein Teil der Belegschaft hat dies auch ganz klar begriffen. Es werden anfangs nicht alle sein, die ihre große Chance erkennen. Aber zumindest die gewählten zehn Gesellschafter, die Betriebsratsmitglieder und darüber hinaus auch eine ganze Reihe von Arbeitern und Angestellten haben erkannt, daß sie eine große Aufgabe übernommen haben, die nur etappenweise zu lösen ist.

Auch nach der Übernahme mußte der Betrieb erst einmal technisch saniert werden. Neue Öfen wurden installiert, Rationalisierungsmaßnahmen zur Senkung des überhöhten Lohnkostenanteils an den Produktionskosten eingeleitet. Ein Teil der Belegschaft hat in unbezahlten Arbeitsstunden mitgeholfen, das Sanierungsprogramm durchzuführen. Dies war eine wichtige Grundbedingung für die Möglichkeit eines Neubeginns. Die geplanten weiteren Investitionen, die nur entsprechend der positiven Aufwärtsentwicklung der Glashütte über einen längeren Zeitraum hin erfolgen können, werden zweifellos erst einmal ein normales, später aber bestimmt sogar ein besseres, ein menschlicheres und moderneres Arbeiten ermöglichen.

Ebenfalls mit erheblicher Beteiligung und selbstlosem Engagement der Belegschaft ist die Veränderung des Sortiments vorangetrieben worden. Der Markt hat auf diese Bemühungen – wie sich indessen erwies – überaus positiv reagiert. Diese sowie weitere technische und kaufmännische Fragen wurden zuerst einmal in Angriff genommen, weil sie für die wirtschaftliche Entwicklungschance der Glashütte Süßmuth von ausschlaggebender Bedeutung waren und noch immer sind.

Im Mittelpunkt des Interesses der Öffentlichkeit steht bei allen diesen Maßnahmen die Arbeit der Selbstverwaltungsgremien. Daß die Arbeiter arbeiten können, beweisen sie täglich. Anders steht es mit der Unternehmensführung. Im selbstverwalteten Betrieb „Glashütte Süßmuth GmbH" ist dies nämlich nicht mehr die Aufgabe des Unternehmers Richard Süßmuth, sondern die seiner ehemaligen Arbeiter und Angestellten selbst. Und da nicht alle alles können, da verantwortungsvolle Aufgaben auf kleinere handlungsfähige Gremien delegiert werden, fällt die Unternehmerfunktion objektiv den zehn Gesellschaftern zu. Noch ist es nicht möglich, die endgültige Bilanz aus der Tätigkeit der Gesellschafter zu ziehen, da der Zeitraum ihres Wirkens noch zu kurz ist. Aber soviel läßt sich doch schon ganz klar erkennen: Nach einer anfänglichen großen Unsicherheit – gewissermaßen in eine Verantwortung hineingeworfen, deren Umfang erst zusammen mit ihrer Übernahme langsam ins Bewußtsein drang – ist heute bereits eine wachsende Sicherheit festzustellen, die ihren Ausdruck in einer bedeutend größeren Entschlußfreudigkeit findet. Da dieses Gremium – die Gesellschafterversammlung – grundsätzlich außerhalb der Arbeitszeit zusammentritt, und da sich in diesem Gremium viele Arbeitnehmer befinden, die sich bei der freiwilligen Arbeit zur Sanierung der Glashütte eingesetzt haben, kann gesagt werden, daß jeder einzelne von ihnen hervorragende Leistungen im Interesse der gesamten Belegschaft vollbringt. Doch dies kann nur begreifen, wer einmal einen vollen Arbeitstag vor den heißen Öfen der Glashütte sein Geld verdienen mußte, also der Arbeiter selbst.

Doch mit der Arbeit und der Bewältigung der unternehmerischen Aufgaben nach Feierabend ist das Pensum noch lange nicht erledigt. Hier muß daran erinnert werden, welche wichtige Funktion für das Gelingen der Selbstverwaltung eine intensive Schulung aller Arbeitnehmer, vor allem aber derer hat, die in den Leitungs- und Selbstverwaltungsorganen tätig sind.

Doch leider läßt sich eine intensive Schulung gerade in der Phase der Betriebssanierung nicht durchführen, weil überhöhte Arbeitsanstrengungen zwangsläufig die Zeit und die Kraft, die zum Lernen unabdingbar ist, stark reduzieren. Sobald einmal die Gewinnschwelle erreicht und die Möglichkeit der Weiterbildung nicht nur aus physischen, sondern auch aus finanziellen Gründen von der Belegschaft besser genutzt werden kann, wird es sich erweisen müssen, ob die erforderliche Bereitschaft dazu vorhanden oder zu wecken ist. Was bis heute auf diesem Gebiet geleistet wurde, ist zwar beachtlich, aber noch nicht genug. Vor allem müßte in Zukunft gesichert werden, daß ein bedeutend größerer Teil der Arbeiter und Angestellten sich auf die Anforderungen vorbereitet, die eine voll inhaltlich realisierte Selbstverwaltung an jeden einzelnen stellt.

Zehn Bildungsveranstaltungen, die von der Gewerkschaft zur Orientierung aller Belegschaftsmitglieder über Sinn und Funktion des Modells Süßmuth veranstaltet wurden und an denen sich – unter Berücksichtigung der kranken und sonstigen Unabkömmlichen – 80 Prozent beteiligten, scheint zumindest ein Indiz dafür zu sein, daß ein großes Interesse an solchen Bildungsveranstaltungen besteht. Und es kann kein Zweifel darüber aufkommen, daß dieses Interesse eine notwendige Voraussetzung zur Verwirklichung der Betriebsdemokratie ist. Am Ende jeder dieser zehn Veranstaltungen, die jeweils eine Abteilung umfaßten, wurden ein Abteilungssprecher und ein Vertreter für die betreffende Abteilung gewählt. Zu ihren Aufgaben gehört die Gewährleistung eines ständigen gegenseitigen Informationsflusses zwischen den Beschäftigten der einzelnen Abteilungen und den Funktionären der Selbstverwaltung, die Mitwirkung bei der Planung und Durchführung von Schulungen für die Beschäftigten, die Mitwirkung beim Abschluß von Tarifverträgen.

Von der Stärkung und Schulung dieses Gremiums wird in Zukunft zweifellos das Gelingen der Selbstverwaltung in starkem Maße mitbestimmt. Aus den schon genannten Gründen der physischen Überlastung konnten die Abteilungssprecher bisher ihre Aufgaben nicht so wahrnehmen, wie es wünschenswert gewesen wäre. Aber die derzeitige Lage des Betriebs läßt vermuten, daß die innere Demokratisierung durch Weiterbildung, stärkeren Informationsfluß etc. in Zukunft bedeutend leichter zu verwirklichen sein wird als bisher.

Schulungen für die Gremien der Selbstverwaltung, Abteilungssprecher und deren Vertreter, Betriebsrat, Gesellschafter, Geschäftsführer und weitere interessierte Belegschaftsmitglieder über Probleme der Arbeiterselbstverwaltung sind noch immer zu selten. Aber die Beteiligung der Beschäftigten hat bisher gezeigt, daß ein Teil der Arbeiter und Angestellten schon klar begriffen hat, welche Bedeutung der Bewältigung der freiwillig übernommenen Aufgabe, einen fast bankrotten Betrieb nicht nur zu führen, sondern auch mit eigener Kraft zu sanieren, zukommt. Die Öffentlichkeit, vor allem die politisch engagierte, beobachtet sehr genau, ob sich dieses Modell bewähren wird. Viele, verständlicherweise in erster Linie die Unternehmer, die gegen jegliche Art von Mitbestimmung, also erst recht gegen die Selbstverwaltung eingestellt sind, werden sich sehnlichst wünschen, daß das Modell scheitert. Aber es gibt auch schon einige Unternehmer in der Bundesrepublik, die – wie Gewerkschafter und alle, die für die Emanzipation der Arbeiterklasse eintreten – das Modell Süßmuth und ähnliche Versuche mit großem Engagement unterstützen. Daß das Gelingen jedoch nicht nur von den Fähigkeiten der Belegschaft der Glashütte Süßmuth abhängt, sondern auch von der Entwicklung unserer Wirtschaft, die nach wie vor kapitalistisch ist, die kleine und mittlere Betriebe im Konzentrationsprozeß verschlingt, von den Märkten verdrängt und vernichtet, braucht wohl nicht erst bewiesen zu werden. Zwar wird das Überleben einer so tiefgreifenden, humanen und demokratischen Idee wie die der Arbeiterselbstverwaltung nicht vom Überleben des Modells Süßmuth abhängen, aber wenn dieses Modell bestätigt, was die Befürworter der innerbetrieblichen Demokratie schon immer behaupten, daß nämlich Wirtschaftsdemokratie funktionieren kann, und bis jetzt haben es die Arbeiter und Angestellten des Modells Süßmuth bewiesen, kann endlich auch die von den Unternehmern verbreitete Ideologie widerlegt werden, daß die Forderung nach Mitbestimmung oder Selbstbestimmung ein Anschlag auf unsere freiheitliche Ordnung sei.

II

Hans See
Arbeiterselbstverwaltung im Kapitalismus

1. Die drei Problemkreise

Hätte die Glashütte Richard Süßmuth mit ihren rund 280 Arbeitern und Angestellten im Sommer 1970 ihre Pforte für immer geschlossen, wären plötzlich 280 Arbeiter und Angestellte ohne Arbeitsplatz und damit ohne Einkommen gewesen, dann wäre dies für die Öffentlichkeit ein Ereignis unter anderen ähnlichen Ereignissen gewesen und auch so behandelt worden.

Die Presse hätte eine kurze Notiz über das Ende einer namhaften Firma gebracht – irgendwo auf Seite 2 oder im Wirtschaftsteil. Die Öffentlichkeit hätte es gelassen hingenommen, wie man eben den Konkurs eines kleinen oder mittleren Betriebes im Kapitalismus hinzunehmen gelernt hat, nämlich als eine – wenn auch bedauerliche – Folge der Unfähigkeit des Unternehmers, vielleicht auch als Schicksal einer Branche, die gezwungen ist, zu rationelleren, d. h. profitableren Produktionsweisen überzugehen und damit ihre weniger rentablen Betriebe aus dem Rennen zu werfen.

Nach den Arbeitern und Angestellten hätte kaum jemand gefragt. In einer Periode relativer Vollbeschäftigung hätten zumindest die jüngeren, leistungsfähigeren Arbeitskräfte wieder – wenn auch nicht am gleichen Ort – einen Arbeitsplatz gefunden. Bei einigen wäre es schnell gegangen, bei einigen hätte es etwas länger gedauert. Manche hätten vielleicht mehr, die meisten aber sicher weniger als bei Süßmuth verdient. Denn die Glasbläser sind in ihrer Branche Spitzenverdiener. Ein Berufswechsel hätte für sie in den meisten Fällen zu einem Einkommensverlust geführt. Die nächste Glashütte ist weit. Ein Wohnsitzwechsel wäre unumgänglich gewesen. Und die übrigen Arbeiter und Angestellten? Niemand weiß, was aus den älteren geworden wäre. Die Öffentlichkeit hätte wohl auch kaum etwas davon erfahren.

Presse, Funk und Fernsehen sind zwar Massenmedien. Und die große Masse der Bevölkerung setzt sich aus Arbeitern und Angestellten zusammen. Aber trotzdem – oder gerade deshalb – stehen nicht Arbeiter und Angestellte im Mittelpunkt ihrer Öffentlichkeitsarbeit, sondern Einzelpersönlichkeiten, Fußball- und Schlagerstars, Bankräuber und Playboys, Politiker und Raumfahrer, Multimillionäre, Künstler und Unternehmer. Der Mann am glühenden Ofen einer Glashütte, der Packer oder gar die weit unterbezahlte Arbeiterin sind meist nur Statisten. Sie ernähren ihre Familie und sich selbst, indem sie ihre Arbeitskraft – je nach Situation am Arbeitsmarkt – teuer oder billig verkaufen. Sie sind es, die den volkswirtschaftlichen Reichtum erarbeiten, von dem sich die Eigentümer der Produktionsmittel zur Vergrößerung ihres produktiven und konsumierbaren Vermögens, zur Steigerung ihres persönlichen Einflusses und Ansehens in Staat und Gesellschaft einen großen Teil aneignen. Die Unternehmer nützen ihr Eigentum, um ihre gesellschaftliche Stellung, ihre Macht zu sichern und zu mehren. Und da die Massenpresse selbst in Händen von Privatunternehmen liegt, darf man nicht erwarten, daß von dieser Seite je die Arbeit höher als das Kapital bewertet wird.

Hätte also Richard Süßmuth „nur" Konkurs gemacht, so gäbe es lediglich ein beklagenswertes Unternehmerschicksal, nämlich das wirtschaftliche Scheitern eines Glasfabrikanten, der sich in der Periode des ökonomischen Aufschwungs der BRD um seine Gemeinde Immenhausen, um den Kreis Hofgeismar und um das ganze „Vaterland" verdient gemacht hat, der dafür vom Papst und Bundespräsidenten Lübke mit hohen Orden ausgezeichnet wurde und auch in der Bevölkerung wegen seiner sozialen Grundeinstellung einen guten Ruf genoß.[1]

Aber es kam anders. Die völlig überraschende, weil in einer kapitalistischen Gesellschaftsordnung weder rechtlich vorgesehene noch in der Praxis übliche Übernahme eines – wenn auch vor dem Konkurs stehenden – Unternehmens durch seine Belegschaft, bedeutete für das durchschnittliche Bewußtsein der interessierten Öffentlichkeit eine Sensation. Man hätte es vorhersagen können: Der kleine, mit seinen 280 Beschäftigten für unsere gesamte Volkswirtschaft ziemlich bedeutungslose Betrieb, dessen Verschwinden unserem Wirtschaftssystem weder einen merklichen Schaden zugefügt noch Nutzen gebracht hätte, geriet plötzlich in das Kreuzfeuer der in unserem Lande mit erschreckenden Vorurteilen geführten Diskussion über die Probleme des praktischen demokratischen Sozialismus. Denn daß die Glashütte für die Unternehmer und andere Gegner der Arbeiterselbstverwaltung ebenso wie für die Anhänger des Sozialismus als Stachel im Fleisch des Kapitalismus angesehen werden würde, war nicht zu vermeiden.

Die Anhänger des Kapitalismus wie die des Sozialismus sahen und sehen in der selbstverwalteten Glashütte Süßmuth ein „sozialistisches Modell". Der einzige Unterschied ist, daß die Sozialisten es bejahen und – wie könnte es anders sein – große Hoffnung in die Beweiskraft dieses Modells setzen, während die Unternehmerseite – um sich als unentbehrliche Klasse bestätigt zu sehen – natürlich wünschte, hier möge sich nun endlich bestätigen, daß die Idee der Arbeiterselbstverwaltung eine verrückte Utopie ist, daß Sozialismus nicht nur gegen die im Grundgesetz verankerte freiheitlich demokratische Grundordnung verstößt, wie sie fälschlicherweise behaupten, sondern auch keine Alternative zum bestehenden System darstellt.

Gewiß, es gibt in der Bundesrepublik einige progressive, dem Sozialismus zuneigende Unternehmer, die nicht nur in ihren eigenen Betrieben den Arbeitern und Angestellten ein erweitertes Mitspracherecht und eine gerechtere Gewinnbeteiligung zugestehen, sondern sogar materielle und ideelle Hilfe geben, wenn – wie im Falle Süßmuth

– die Belegschaft einen verschuldeten Betrieb zu übernehmen bereit ist. Dies hat sich in jüngster Zeit wieder gezeigt, als das Kunststoffwerk Beku von 91 Arbeitern übernommen wurde.[2] Aber diese winzige Minderheit – so wichtig sie für die Verwirklichung solcher Modelle ist – kann deren Gegner nicht aufwiegen und die Skeptiker, die sich verständlicherweise auch unter den sozialistischen Befürwortern des Modells Süßmuth finden, nicht davon überzeugen, daß dies der Weg sei, die kapitalistische Gesellschaft in eine sozialistische zu verwandeln.

Daß die Diskussion um die Glashütte Süßmuth zum Politikum wurde, ist dem größten Teil der Belegschaft durchaus nicht recht. Sie praktiziert zwar die Selbstverwaltung, aber sie übernahm den Betrieb nicht mit der Absicht, nun ein sozialistisches Modell zu schaffen. Viele unter den Arbeitern mögen sogar erstaunt gewesen sein, und manche können es vermutlich heute noch nicht fassen, daß die Arbeiterselbstverwaltung etwas mit Sozialismus zu tun haben soll. Und wenn es schon eine Art Sozialismus sein soll, so sehen sie doch auch, daß ihre Umwelt noch dieselbe ist. Der kapitalistische Existenzkampf muß nach wie vor – härter als der Privatunternehmer Süßmuth es tat – täglich neu geführt werden. Denn ein nach innen demokratisch organisierter Betrieb, der sich in einer nicht demokratisierten Wirtschaftsordnung behaupten muß, hat es besonders schwer. Und daß die Außenbeziehungen des selbstverwalteten Wirtschaftsunternehmens auf die Belegschaft, die nun neben ihrer Arbeits- und Angestelltenfunktion auch noch die Rolle des kapitalistischen Unternehmers zu übernehmen hat, ebenso stark zurückwirken wie die allgemeinen Verhältnisse einer kapitalistischen Gesellschaft auf jeden einzelnen Arbeiter oder Angestellten, steht außer jedem Zweifel.

Eine Untersuchung der Arbeiterselbstverwaltung im Kapitalismus am Beispiel Süßmuth hat also – zumindest formal – drei Problemkreise zu unterscheiden:

1. die öffentlich geführte ideologische Auseinandersetzung mit dem Modell Süßmuth;

2. die Widersprüche des sozioökonomischen Gesamtsystems, die das Außenverhältnis des Betriebes bestimmen und auch auf dessen Innenverhältnis Einfluß ausüben;

3. die innerbetrieblichen Probleme der konkreten Arbeiterselbstverwaltung, verbunden mit der Frage nach den Möglichkeiten der Arbeiterbildung und der Aufhebung der Entfremdung der Arbeit.

In der sozialen Wirklichkeit sind diese drei Bereiche nicht auseinanderzuhalten. Sie bilden eine schwer durchschaubare Einheit von materiellen und ideologischen Wechselbeziehungen, deren Gesamtwirkung auf die Gesellschaft wie auf die Belegschaft des Betriebes schwer zu kalkulieren ist. Ihre kritische Untersuchung ist dennoch – oder gerade deshalb – durchaus angebracht. Sie kann einen wichtigen Beitrag zur Rationalisierung der Diskussion des Modells Süßmuth, der Arbeiterselbstverwaltung im Kapitalismus und der Zukunftschancen eines demokratischen Sozialismus leisten. Sie kann die demagogische Hetze gegen das Modell entkräften, übertriebene Hoffnungen der Befürworter auf das Maß der realen Möglichkeiten reduzieren, den Beifall aus der falschen Ecke dämpfen und der Belegschaft der Glashütte bei ihrer Anstrengung helfen, ihrer Schrittmacherfunktion den richtigen Stellenwert zu geben.

2. Das Modell Süßmuth im Spannungsfeld ideologischer Auseinandersetzungen

Die Übernahme der vom Konkurs bedrohten Glashütte Richard Süßmuth durch ihre Belegschaft brachte eine erstaunliche Bewegung in den bundesdeutschen Blätterwald. Was der für den einzelnen „Arbeitnehmer" dieses Betriebes viel schlimmer gewesene Konkurs kaum hätte bewirken können, der Entschluß der Arbeiter und Angestellten, die hochverschuldete Glashütte in eigener Regie wieder auf die Beine zu stellen, erregte öffentliches Aufsehen und machte Schlagzeilen.

Wie in einem kapitalistischen Staat nicht anders zu erwarten, wurde allerdings nicht die „unternehmerische" Entschlossenheit und der Mut der „Arbeitnehmer" als das eigentlich spektakuläre Ereignis empfunden, auch nicht die Tatsache, daß rund 280 Arbeitsplätze und damit die Existenzgrundlage von fast ebenso vielen Familien gesichert wurde, sondern der einmalige und unerhörte Vorgang, daß hier ein privater Einzelunternehmer, weil der Betrieb unter seiner Leitung nicht mehr kreditwürdig war, abgelöst und durch eine für bürgerliche und sozialistische Begriffe revolutionäre Organisationsform, nämlich durch eine Arbeiterselbstverwaltung ersetzt wurde.

Arbeiterselbstverwaltung: diese Art von demokratischer Betriebsorganisation berührt den zentralen Nerv der in unserer Gesellschaft vorherrschenden Unternehmer-Ideologie. Wenn unter Ideologie eine „Fehlmeinung" verstanden wird, „die gesellschaftliche Herrschaftsverhältnisse absichert"[3], dann besteht diese Unternehmer-Ideologie darin, so jedenfalls hat sie der Präsident der Bundesvereinigung der Deutschen Arbeitgeberverbände formuliert, daß „das Privateigentum an Produktionsmitteln und das freie Unternehmertum unentbehrliche tragende Pfeiler dieser Ordnung sind"[4].

Diese Ordnung, die auch als freiheitlich demokratische Grundordnung bezeichnet wird, kann also – nach Auffassung der Unternehmer und all derer, die der Unternehmer-Ideologie aufsitzen – nur Bestand haben, solange sich die Fabriken, die Maschinen, die Werkzeuge, die Arbeitsmittel, die der Mensch im Produktionsprozeß bei der Erzeugung materieller Güter und produktiver Leistungen benötigt, kurz, die Produktionsmittel, rechtlich nicht in der Hand der Arbeiter und Angestellten, sondern in der eines Einzelunternehmers oder einer kleinen Gruppe von Kapitalisten befinden.

Noch deutlicher als der Präsident der Bundesvereinigung der Deutschen Arbeitgeberverbände Otto A. Friedrich hat Hanns Martin

Schleyer, ein der CDU angehörendes Vorstandsmitglied des Stuttgarter Automobilkonzerns Daimler-Benz-AG und erbitterter Kämpfer gegen die Mitbestimmung, den Unternehmerstandpunkt in einem Interview mit dem Nachrichtenmagazin „Der Spiegel" ausgesprochen: „Wenn man der Meinung ist", sagte er, „daß unsere derzeitige Ordnung im wesentlichen auf dem Eigentum basiert und das Eigentum eines der entscheidenden Ordnungselemente ist, dann ist die Mitbestimmung ein Angriff auf diese Ordnung, denn sie ist zweifellos ein Angriff auf die Funktion des Eigentums."[5] Und damit auch alle den nötigen Schrecken vor der Forderung nach paritätischer Mitbestimmung bekommen, fügte Schleyer hinzu, daß die „Ostzone ... sich außerordentlich stark hinter die Mitbestimmungsforderung stellt mit der klaren Erklärung, das sei die Vorstufe zur Sozialisierung"[6].

Daß es zur demagogischen Methode der Unternehmer gehört, jeden Versuch, durch Mitbestimmung oder gar Selbstbestimmung – wie sie in der Glashütte Süßmuth praktiziert wird – die Lohn- und Gehaltsabhängigen zu emanzipierten Bürgern heranreifen zu lassen und die unternehmerische Macht in unserem Staat unter demokratische Kontrolle zu bringen, erst einmal mit verleumderischen Verdächtigungen abzuwehren, hat sich in der Geschichte immer wieder bestätigt und bewährt. Und daß es immer wieder gelingt, die Kritik am Kapitalismus als gefährliche Ideologie zu verdächtigen, lenkt davon ab, daß die Rechtfertigung dieses Systems selbst nur durch ideologische Mittel möglich ist.

So läßt sich auch die Reaktion des offiziellen Organs des „Deutschen Gewerbeverbandes e. V." „Der Selbständige" auf die Übernahme der Glashütte durch die Belegschaft mühelos in die unternehmerische Tradition ihres ideologischen Abwehrkampfes gegen Wirtschaftsdemokratie und Sozialismus einreihen. Geschickt benutzte diese Unternehmerzeitung die Gelegenheit, das damals bevorstehende Treffen des Bundeskanzlers Willy Brandt mit dem Vorsitzenden des Ministerrats der DDR, Willi Stoph, in Kassel, mit der Umwandlung der Glashütte Süßmuth von einem Privatunternehmen in eine Belegschaftshütte in eine anrüchige Verbindung zu bringen. In der Zeitschrift hieß es unter anderem:

„Wenn Willi Stoph nach Kassel kommt und sein Sinn nach einem knappen Ausflug in die bundesrepublikanische wirtschaftliche Umwelt steht, wie sie sich die bolschewistischen Westlandreiter erträumen, dann brauchte er nur ein paar Kilometer weiter nach Immenhausen zu fahren. Gibt es dort doch seit neuestem ein Modell lupenreiner sozialistischer Machtergreifung im bösen kapitalistischen Unternehmerlager, wie es nicht schöner aus der DDR hätte importiert werden können. Denn die von der sozialistischen Presse diesseits und jenseits der Demarkationslinie so gefeierte ‚Umwandlung' der Glashütte Richard Süßmuth in eine ‚Genossenschaftshütte' ist, bei Licht besehen, nichts anderes als der bislang brutalste Anschlag auf die unternehmerische Selbstbestimmung in diesem Land."[7]

Ein Kommentar der „Frankfurter Rundschau" bemerkte zu diesem Pamphlet: „Nur der Ruf nach dem Militär fehlt noch in einem Aufsatz, den ‚Der Selbständige' zur Übertragung der Glashütte Süßmuth an die Belegschaft veröffentlicht hat. Sonst erinnert dieser Bericht an die Zeit der blutigen Arbeitskämpfe des vorigen Jahrhunderts, wenn er etwa meint: ‚Als dann noch der Verein der Glasindustrie von der Beschäftigung aufsässiger Süßmuth-Glasbläser abriet, war das Signal für die Liquidation des verhaßten Unternehmers gegeben'".[8]

Tatsächlich hatte sich der Verein der Glasindustrie, dem Richard Süßmuth früher angehörte, mit klassenkämpferischer Manier in die Auseinandersetzung zwischen Unternehmer und Belegschaft eingeschaltet und in einem Rundschreiben mit der Anrede „Sehr geehrte Herren" am 12. 3. 1970 seine Mitglieder gebeten, „keine Arbeitskräfte dieser Firma einzustellen und die Bestimmungen unseres ‚Abwerbungsbeschlusses' sorgfältig zu beachten"[9].

Wer statt dessen die in unserem Grundgesetz Art. 12 garantierte freie Wahl des Arbeitsplatzes sorgfältig beachtet, konnte hier wieder einmal erkennen, daß die Unternehmer – wenn es um ihre eigene Freiheit, um ihre eigene Demokratie geht, durchaus bereit sind zu vergessen, was sie zur Sicherung ihrer Vorherrschaft immer zum Fenster hinausreden, um es dem Volk mitzuteilen, daß nämlich das „freie Unternehmertum" der „tragende Pfeiler" unserer freiheitlich demokratischen Grundordnung sei.

Richard Süßmuth, der vom Verein der Glasindustrie nicht nur unterstützt, sondern auch während der Übergabeverhandlungen stark beeinflußt wurde, hat sich von der ideologischen Kampagne gegen das Modell Süßmuth mitreißen lassen: „Das muß man sehen", sagte er, „hier ist ein Funke, der droht dann irgendwann überzuspringen, und dann ist das Feuer nicht mehr löschbar . . ." Und er kehrte die beiden Fronten, zwischen denen die Belegschaft der Glashütte heute ihren Existenzkampf führt, unzweideutig hervor, indem er feststellte: „Ich als freier Unternehmer dulde es nicht, daß auf meinem Gelände ein VEB-West entsteht."[10] „Die Zeit" bemühte sich später zwar, in ihrem Bericht über das „Experiment" die „Nähe zur Zonengrenze, obwohl nicht unmittelbar Kreisgrenze", für „das ebenso falsche wie propagandaträchtige Schlagwort vom ‚volkseigenen Betrieb' " verantwortlich zu machen, aber sie selbst wollte anscheinend auf Propaganda auch nicht ganz verzichten, als sie – und sei es nur, um ihren linksorientierten Lesern die Zeitung mundgerechter zuzubereiten – ihren Beitrag mit dem linken Slogan „Die Genossen im Glashaus" überschrieb.[11]

Eine der Ursachen, von „sozialistischer Machtergreifung" zu reden und – wie Richard Süßmuth es tat – das Gerücht zu verbreiten, das werde „womöglich alles von drüben gesteuert"[12], war zweifellos die gegen den Unternehmer gerichtete Demonstration seiner Arbeiter und Angestellten. Nachdem er diese nämlich monatelang hingehalten hatte und sein Versprechen, die Hütte an die Belegschaft zu übergeben, nicht einzulösen bereit war, gingen die Glasarbeiter auf die Straße. Mit

Transparenten, schwarzen Fahnen und einem Sarg zogen sie durch das nordhessische Städtchen Immenhausen, um der Öffentlichkeit zu sagen: „Wir tragen unsere Hoffnung zu Grabe.“[13] War die Demonstration als solche schon schlimm genug für eine repräsentative Demokratie, in der meist verächtlich und mit drohendem Unterton von „der Straße“ gesprochen wird, wenn die Bevölkerung einmal von ihrem Grundrecht auf freie Meinungsäußerung Gebrauch macht, so war es den rechtsorientierten Meinungsmachern höchst verdächtig, daß sich an der Demonstration auch jene Gewerkschaftsfunktionäre, wissenschaftliche Assistenten und Studenten beteiligten, die den Belegschaftsmitgliedern seit Monaten geholfen hatten, sich auf die Übernahme der Glashütte gründlich vorzubereiten, indem sie mit ihnen die Probleme des Betriebes untersuchten und verschiedene „Modelle“ diskutierten.

In einem Leserbrief an die „Deutsche Zeitung (Christ und Welt)“ stellte Richard Süßmuth den Vorgang der Ubernahme sehr dramatisch dar: Die Glashütte „wurde durch erpresserische Machenschaften und durch einen ‚Sturmangriff‘ und Besetzung durch Gewerkschaft und außerparlamentarische linksradikale Gruppen, durch Presse, Rundfunk und Fernsehen (Panorama) ‚fertiggemacht‘, so daß ich, der damalige Komplementär der Süßmuth KG., den Betrieb freiwillig den Mitarbeitern übergeben habe.“[14]

Richard Süßmuth hat also – nach seinen eigenen Worten – den Betrieb freiwillig übergeben. Er wurde weder enteignet noch erpreßt. Im Gegenteil. Die Belegschaft übernahm seine Schulden, zahlt ihm auf Lebenszeit eine Rente von monatlich 2000 DM, ließ ihm seinen – allerdings schon klapprigen – Mercedes und freie Wohnung in einem auf dem Werksgelände stehenden Haus. Aber im ideologischen Machtkampf der Unternehmer um die Erhaltung ihrer Vorherrschaft in Staat und Gesellschaft zählt dies alles nicht. Hier gilt es, den Anfängen zu wehren. Der Abwehrkampf beginnt mit Verdächtigungen gegen die furchtbar bösen linksradikalen Studenten, gegen Gewerkschaften, Sozialdemokraten und Kommunisten. Sie alle werden dabei in einen Topf geworfen und bezichtigt, Freiheit und Demokratie beseitigen und das mühsam zusammengesparte eigene Häuschen genauso wie den großen Konzern enteignen zu wollen. Damit schließlich auch das nationale Selbstgefühl und das abendländisch-christliche Gedankengut im Interesse der Unternehmer mobilisiert werden, wird voreilig und böswillig unterstellt, daß diejenigen, die für paritätische Mitbestimmung oder gar Arbeiterselbstverwaltung, also für die Befreiung der Lohn- und Gehaltsabhängigen von der unternehmerischen Fremdbestimmung und für die Demokratisierung der Wirtschaft eintreten, bewußt oder unbewußt den „imperialistischen“ Interessen der Sowjetunion dienten, also Feinde nicht nur der Freiheit und der Demokratie westlicher Prägung, sondern auch unserer abendländischen Kultur, des Christentums, des freien Individuums und der nationalen Selbstbestimmung seien.

Das für die Masse der Bevölkerung nur schwer oder überhaupt nicht durchschaubare Gemisch von Behauptungen, aus dem Zusammenhang gerissener Tatsachen und erfundener Zweckpropaganda diente – wie schon vor 1933 – nach 1945 bis in die Gegenwart hinein dazu, die Bevölkerung vor jeglicher Alternative zum Kapitalismus zu erschrecken und in die schutzversprechenden Arme derjenigen bürgerlichen Parteien zu treiben, die fürchteten, die Sozialdemokraten könnten an die Macht gelangen und – getragen von der großen Mehrheit der Wähler – ihren demokratischen Sozialismus verwirklichen. Denn immerhin hatten im Jahre 1946 in Hessen 72 Prozent der Bevölkerung dem heute noch gültigen Art. 41 der neuen Hessischen Verfassung zugestimmt, in dem es hieß:

„Mit Inkrafttreten dieser Verfassung werden

1. in Gemeineigentum überführt: der Bergbau (Kohlen, Kali, Erze), die Betriebe der Eisen- und Stahlerzeugung, die Betriebe der Energiewirtschaft und das an Schienen und Oberleitungen gebundene Verkehrswesen,

2. vom Staate beaufsichtigt oder verwaltet: die Großbanken und Versicherungsunternehmen und diejenigen in Ziffer 1 genannten Betriebe, deren Sitz nicht in Hessen liegt.

Das Nähere bestimmt ein Gesetz."

Die CDU Hessens hatte den Verfassungsentwurf und Art. 41 in dieser Form gebilligt. Die CDU der britischen Besatzungszone nahm zwei Monate nach dem hessischen Volksentscheid ihr Ahlener Wirtschaftsprogramm an, das von Konrad Adenauer auf dem ersten Parteitag der CDU der britischen Zone als ein „Markstein in der Geschichte des deutschen Wirtschafts- und Soziallebens" bezeichnet wurde.[15] Darin wurde noch zugegeben, was die Unternehmer und die CDU heute nicht mehr wahrhaben wollen: „Das kapitalistische Wirtschaftssystem ist den staatlichen und sozialen Lebensinteressen des deutschen Volkes nicht gerecht geworden. Nach dem furchtbaren politischen, wirtschaftlichen und sozialen Zusammenbruch als Folge einer verbrecherischen Machtpolitik kann nur eine Neuordnung von Grund aus erfolgen."[16]

Dieselbe CDU – unter Adenauer und Erhard – war es jedoch, die sich bei der Restauration der alten Ordnung dann besonders hervortat. Es gelang den Restauratoren des Kapitalismus nicht nur, die zum demokratischen Sozialismus neigenden Massen in panische Angst vor dem Bolschewismus zu versetzen (was angesichts des Stalinismus leichtfiel) und damit den selbst fanatisch antikommunistischen, damals aber noch für den Sozialismus eintretenden Sozialdemokraten genügend Wählerstimmen abzujagen, um sie von der Macht fernzuhalten; sie brachten es auch fertig, den Sozialistenhaß, den Antikommunismus zu einer Weltanschauung, zu einer Art Ersatzreligion werden zu lassen, um leichter die Stimmen derjenigen sozialistisch denkenden Arbeiter und kleinen Angestellten zu gewinnen, die auf Grund ihres christlichen Glaubens Bedenken hatten, sozialdemokratisch zu wählen.

Der „religiöse" Antikommunismus hatte eine doppelte Funktion: Einmal die Schreckensherrschaft des durch den Kapitalismus verursachten Faschismus als das kleinere Übel gegenüber dem Sozialismus erscheinen und die Unmenschlichkeit, die Ausbeutung, den Terror, die Unterdrückung der Arbeiterklasse, das gewaltige soziale Unrecht der ungleichen Vermögens- und Machtverteilung, die unausrottbare Demokratiefeindlichkeit des kapitalistischen Systems im Verlauf seiner Geschichte vergessen zu lassen; zugleich aber auch die neu aufbrechenden Klassengegensätze der Nachkriegsperiode mit einer übergreifenden Gemeinschaftsideologie zu verschleiern.

Ein flüchtiger Streifzug durch die Geschichte des Kapitalismus genügt schon, um die von der Unternehmerseite propagierte Legende zu widerlegen, das „freie Unternehmertum" und die private Verfügungsgewalt über die Produktionsmittel seien maßgebliche Stützpfeiler der freiheitlich demokratischen Grundordnung. Wenn es überhaupt in der Geschichte der letzten 100 Jahre solche demokratischen Stützpfeiler gab, dann waren es die Massenorganisationen der Arbeiterbewegung. Es hatte sehr lange gedauert, bis die arbeitende Klasse, die immer schon die leidtragende Klasse war, ihre Lage im gerade sich bahnbrechenden Kapitalismus begriff und sich zum Emanzipationskampf gegen dieses unmenschliche, primär am Profit orientierte System entschließen konnte. Den Arbeitern, die – vor allem in Frankreich – einst gemeinsam mit dem revolutionären Bürgertum gegen die alte Feudalordnung, die absolute Monarchie, die Leibeigenschaft, das Zunftwesen und für Vereins-, Koalitions-, Versammlungs- und Pressefreiheit sowie allgemeines und direktes Wahlrecht gekämpft hatten, war es verständlicherweise schwergefallen, den Grundwiderspruch zwischen Kapital und Arbeit zu durchschauen und sich dann – folgerichtig – als selbständige Klasse zu solidarisieren und zu organisieren. Doch mit der schnellen – die Verspätung kompensierenden – Entwicklung des deutschen Kapitalismus seit der Mitte des 19. Jahrhunderts, mit dem gleichzeitigen Anwachsen des Proletariats und dem verschärften Hervortreten der Klassengegensätze entstand dann doch jene mächtige deutsche Arbeiterbewegung, deren Organisationen sich kein geringeres Ziel gesetzt hatten, als die „Abschaffung aller Klassenherrschaft"[17].

Der Arbeiterklasse war nach einem langwierigen Lernprozeß klargeworden, daß das liberale Bürgertum, die besitzende Klasse, kein Interesse an der Verwirklichung ihrer Parole von „Freiheit, Gleichheit und Brüderlichkeit" für alle Menschen haben konnte. Sie erkannte, daß der bürgerliche Rechtsstaat ein „Rechtsstaat für bestenfalls 20 oder 30 % der Bevölkerung"[18] sein konnte und die Lohn- und Gehaltsempfänger dazu verdammt sein würden, sich ihre Rechte, seien es politische oder ökonomische, selbst zu erkämpfen. Denn das deutsche Besitzbürgertum hatte sich, als seine revolutionären Ambitionen gescheitert waren und die Arbeiterklasse ihren Emanzipationskampf begann, opportunistisch auf die Seite ihres alten Feindes, auf die Seite der Krone und der Junker geschlagen, verriet seine alten liberalen und demokratischen Ideale und übernahm schließlich sogar „Tugendkodex und Weltbild der preußischen Militärkaste“[19].

Gegen diese reaktionären Kräfte des kaiserlichen Polizei- bzw. Obrigkeitsstaates trat die organisierte Arbeiterklasse zum Kampf an. Dabei ging es ihr allerdings nicht allein um höhere Löhne, d. h. um die Verbesserung des materiellen Lebensniveaus, obgleich dies eine sehr wichtige Aufgabe war. Die Arbeiterbewegung hatte nämlich erkannt, daß unter kapitalistischen Produktionsverhältnissen alle gesellschaftlichen Bedürfnisse vom Profitinteresse des Kapitals bestimmt, daß unter diesen Bedingungen die Arbeitskräfte zur „Ware“ degradiert werden und die Arbeit, die eigentliche menschliche Existenzgrundlage, zwangsläufig zu einem bloßen Mittel der Erhaltung des physischen Lebens herunterkommt.

Die Tatsache, daß der Arbeiter weder selbst- noch mitbestimmen kann, wie und was er arbeitet, daß er der „unternehmerischen Selbstbestimmung“ nahezu bedingungslos unterworfen ist, macht ihm die Arbeit zu einer fremden, äußerlichen Tätigkeit, was dazu führt, daß er sich „in seiner Arbeit nicht bejaht, sondern verneint, nicht geistige Energie entwickelt, sondern seine Physis abkasteit und seinen Geist ruiniert“[20]. Für eine Gesellschaft, in der die große Mehrheit der Menschen unter kapitalistischen Verhältnissen arbeiten muß, hat dies die fatalen Konsequenzen der Entfremdung: „Der Arbeiter fühlt sich daher erst außer der Arbeit bei sich und in der Arbeit außer sich. Zu Hause ist er, wenn er nicht arbeitet, und wenn er arbeitet, ist er nicht zu Hause. Seine Arbeit ist daher nicht freiwillig, sondern gezwungen, *Zwangsarbeit.* Sie ist daher nicht Befriedigung eines Bedürfnisses, sondern nur ein *Mittel,* um Bedürfnisse außer ihr zu befriedigen. Ihre Fremdheit tritt darin rein hervor, daß, sobald kein physischer oder sonstiger Zwang existiert, die Arbeit als eine Pest geflohen wird.“[21]

Diese Fremdbestimmung aufzuheben, war und ist das eigentliche Kampfziel der Arbeiterbewegung. Die Überführung der in privatem Besitz befindlichen Produktionsmittel in gesellschaftliches Eigentum soll und kann allein die Voraussetzung zur Aufhebung der Entfremdung schaffen.

Aber die demokratische Linke, die als organisierte Arbeiterbewegung den Kampf gegen kapitalistische Ausbeutung, Unterdrückung, Wirtschaftskrisen, Inflation, imperialistische Kriege, Verelendung und Entfremdung führte, wurde und wird noch heute „nicht nur als Gegner einer bestimmten Gesellschaftsordnung, sondern als Feind von Recht und Moral schlechthin“[22] angegriffen, diskriminiert, verfolgt, unterdrückt.

Daran änderte auch die paradox erscheinende Tatsache nichts, „daß es gerade der Kampf der demokratischen Kräfte gegen den Kapitalismus war, der dem System das Fortbestehen ermöglichte. Denn nicht nur machte er die Lebensbedingungen des Arbeiters erträglich. Zugleich hielt er jene Absatzmärkte für die Fertigprodukte offen, die sich ein selbstmörderischer Vorstoß des Kapitalismus in eine zunehmend ungleiche Volkseinkommensverteilung mehr und mehr zerstört hätte."[23]

Was die Arbeiterklasse allein in den letzten hundert Jahren an Not, Leid, Elend und Klassenkampf von „oben" erleben mußte, spottet jeder Beschreibung. Wie die Verfechter von Demokratie, Freiheit und Gleichheit unter Bismarcks zwölf Jahre währendem „Sozialistengesetz" zu hohen Zuchthaus- und Gefängnisstrafen verurteilt, des Landes verwiesen oder in die Emigration getrieben wurden, wie sie in den Ersten Weltkrieg manövriert und geschlagen, wie ihre Weimarer Demokratie von denselben „deutschen Schwerindustriellen und Großkapitalisten, die in der Inflationszeit neue Riesengewinne aufhäuften"[24] im Bündnis mit den Faschisten zerstört, die Arbeiterparteien und Gewerkschaften zerschlagen, ihre bedeutendsten Mitglieder und Repräsentanten in Zuchthäusern und Konzentrationslagern gequält, gefoltert und ermordet wurden, wie die vom internationalen Kapitalismus verursachte Weltwirtschaftskrise, die Massenarbeitslosigkeit, die daraus resultierende Existenzangst der auf den Verkauf ihrer Arbeitskraft angewiesenen Massen mißbraucht, von verbrecherischen Demagogen belogen, betrogen und in einen der verheerendsten Eroberungskriege der Weltgeschichte „geführt" wurden, dies alles möchten die Unternehmer-Ideologen verständlicherweise gerne in Vergessenheit geraten lassen. Denn es war der deutsche und der internationale Kapitalismus, nicht der deutsche oder internationale Sozialismus, der diese Ungeheuerlichkeiten verursachte. Unmittelbar nach 1945 war dies selbst der CDU noch klar. Denn sonst hätte sie nicht in ihrem Ahlener Wirtschaftsprogramm einfach behaupten können, das kapitalistische Wirtschaftssystem sei den staatlichen und sozialen Lebensinteressen nicht gerecht geworden und nach dem „furchtbaren politischen, wirtschaftlichen und sozialen Zusammenbruch als Folge einer verbrecherischen Machtpolitik" könne „nur eine Neuordnung von Grund aus erfolgen"[25]. Damals war es allerdings noch weitgehend unbestritten, daß der Kapitalismus keine Garantie für Demokratie, Freiheit und soziale Gerechtigkeit bietet. Die Erinnerung war noch nicht verdrängt und die Zukunft sollte durch eine neue Wirtschaftsordnung gesichert werden. So folgerte die CDU im Jahre 1947 richtig: „Inhalt und Ziel dieser sozialen und wirtschaftlichen Neuordnung kann nicht mehr das kapitalistische Gewinn- und Machtstreben, sondern nur das Wohlergehen unseres Volkes sein."[26]

Diejenigen, die das Ahlener Programm der CDU formulierten, forderten, „daß die Zeit der unumschränkten Herrschaft des privaten Kapitalismus vorbei sein"[27] müsse.

Der Kapitalismus aber blieb. Er tauschte nur seine braune Uniform gegen einen grauen, unauffälligen Straßenanzug. Er gebärdete sich demokratisch, freiheitlich und sozial, er wurde zum „Deutschen Modell" eines reformierten und fortschrittlichen Kapitalismus.[28] Niemand wird bestreiten, daß die Periode der Nachkriegsgeschichte der Bundesrepublik für viele einen relativen Wohlstand brachte, der – im

Vergleich mit der ersten Hälfte dieses Jahrhunderts in Deutschland und im Vergleich mit den südeuropäischen und sozialistischen Nachbarländern der Gegenwart – unerreicht ist. Und jeder weiß und wird zugeben, daß die sogenannte „freie Marktwirtschaft" durchaus in der Lage ist, die Bevölkerung unter einer Flut von Konsumgütern zu ersticken. Daß sie allerdings eine Garantie für die Erhaltung unserer freiheitlich demokratischen Grundordnung biete, diese Behauptung muß ernsthaft bezweifelt werden. Ein Blick auf das kapitalistische Griechenland, auf die Türkei, auf Spanien und Portugal genügt, um zu beweisen, daß sich die „Marktwirtschaft" auch heute noch sehr gut mit autoritären, mit antidemokratischen und faschistischen Herrschaftssystemen verträgt. Und wozu so freiheitliche Demokratien wie die Vereinigten Staaten fähig sind, beweisen sie seit Jahren in Vietnam.

Die ideologische Auseinandersetzung um die – gesamtgesellschaftlich gesehen – belanglose Übernahme der Glashütte Süßmuth durch die Belegschaft hat wieder einmal in Erinnerung gerufen, was es für die Unternehmerseite im Ernstfall heißen könnte, „die im Grundgesetz verfassungsrechtlich verankerte Demokratie mit Zähnen und Klauen zu verteidigen"[29]. Es heißt heute: Kampf der Unternehmer gegen jegliche Art von Erweiterung der Mitbestimmungsrechte für Arbeitnehmer und Verteidigung der bürgerlichen Eigentumsverfassung gegen die Forderung nach Demokratisierung aller nur denkbaren Bereiche unseres wirtschaftlichen und gesellschaftlichen Lebens.[30] Und es könnte eines Tages heißen: Anwendung der Notstandsgesetze gegen die Bevölkerung im Falle einer Wirtschaftskrise, wenn diese Krise von den Arbeitern mit der Forderung nach einer Wirtschaftsdemokratie beantwortet werden sollte. Und deshalb kann gar nicht oft genug wiederholt werden: „Die Toleranz des Liberalismus findet dort seine Grenze, wo die bürgerliche Eigentumsverfassung in Frage gestellt wird. Auch der angeblich so schwache liberale Staat erwies sich immer als stark genug, Angriffe von dieser Art abzuwehren – notfalls unter Einsatz von Polizei und Militär. Dabei war es der Idee nach wie in der Realität gänzlich belanglos, ob der liberale Staat die Mehrheit des Volkes für sich oder gegen sich hatte. Das Privateigentum (an Produktionsmittel d. V.) stand immer höher als das Prinzip der Demokratie."[31]

Eine Demokratie, die von den Unternehmern und ihren zahlreichen Vertretern in Parteien, Parlamenten und Massenmedien verteidigt wird, kann nur diejenige Form der Demokratie sein, die die „unternehmerische Freiheit", die Selbstbestimmung der Produktionsmittelbesitzer, deren Macht und Einfluß in Staat und Gesellschaft garantiert. Wenn allerdings Demokratie im Kern auf der Idee beruht, „daß der mündige Mensch selbst über die ihn betreffenden Dinge entscheiden soll und daß er keiner rational nicht begründbaren Herrschaft anderer Menschen ausgesetzt sein darf"[32], dann ist der Kampf um Mitbestimmung und Selbstbestimmung für die große Mehrheit aller Erwerbstätigen kein Angriff auf die freiheitlich demokratische Grundordnung,[33] sondern vielmehr der fortgesetzte Versuch der Arbeiterbewegung und ihrer Verbündeten, Freiheit und Demokratie, soziale Gerechtigkeit und soziale Sicherheit für den einzelnen Arbeiter und Angestellten auch dort zu verwirklichen, wo sie ihm von den angeblich so demokratischen Unternehmern noch immer verweigert wird, nämlich im Betrieb. Erst wenn diese Ziele erreicht sind, wird die freiheitlich demokratische Grundordnung eine soziale Realität sein. Heute ist es lediglich eine großartige Idee, die zwar in unserem Grundgesetz verankert ist, deren Verwirklichung aber von den konservativen und reaktionären Kräften mit der Behauptung, das Grundgesetz zu verteidigen, mit allen Mitteln verhindert wird.

Wer diejenigen, die für eine neue Wirtschaftsordnung eintreten, als Verfassungsfeinde zu diskriminieren versucht, der muß sich sagen lassen, daß er die Verfassung überhaupt nicht kennt oder aber damit rechnet, daß andere sie nicht kennen. Tatsache ist: „Das Grundgesetz hat sich nicht für ein bestimmtes wirtschaftliches System entschieden. Vor allem im Vergleich mit der Weimarer Verfassung sagen seine Bestimmungen wenig zu konkreten Fragen wirtschaftlicher Gestaltung. Auch die derzeitige Wirtschaftsordnung, in der sich Marktabläufe mit staatlicher Lenkung und privatrechtliche Organisationsformen mit öffentlich-rechtlichen Anordnungen verbinden, wird von der Verfassung nicht vorgezeichnet und fixiert, sondern stellt nur ein von ihr akzeptiertes Ergebnis politischer Willensbildungs- und Entscheidungsprozesse dar."[34] Einmal davon abgesehen, daß angesichts der Macht und der Politik des Kapitals und des sozialpsychologischen, politischen und ideologischen Einflusses unserer Wirtschaftsordnung auf die Gesellschaft der politische Willensbildungsprozeß und die reale Entscheidungsmöglichkeit von Parteien, Parlamenten, Regierungen und auch Gewerkschaften auf das begrenzt sind, was dem kapitalistischen System nützt, was es stützt und gegen seine Tendenz zur Selbstvernichtung ebenso sichert wie gegen seine erklärten Gegner,[35] so ist doch richtig und wichtig, wenn der Bericht der Bundesregierung „Zur Lage der Nation 1972" noch einmal deutlich darauf hinweist, daß das Bundesverfassungsgericht „mehrfach die ‚wirtschaftspolitische Neutralität' des Grundgesetzes" betont hat.[36]

So ist denn auch das Modell Süßmuth mit seiner Arbeiterselbstverwaltung und der von der Hessischen Landesregierung den Arbeitern dieses Betriebes zur Verfügung gestellte Kredit nicht nur mit unserer Verfassungswirklichkeit durchaus zu vereinbaren (denn jeder Betrieb in ähnlicher betriebswirtschaftlicher Situation hätte staatliches Geld bekommen), es weist sogar eindeutig in Richtung auf jenen demokratischen und sozialstaatlichen Auftrag des Grundgesetzes, der durch die vom kapitalistischen Profitstreben beherrschten Verfassungswirklichkeit bis heute noch nicht annähernd erfüllt ist.

3. Die Glashütte Süßmuth im kapitalistischen Konkurrenzkampf

Was die Zeitschrift „Der Selbständige“ als den bislang brutalsten Anschlag auf die unternehmerische Selbstbestimmung in diesem Land zu diskriminieren versuchte[37], war nichts als eine Übernahme dieser Selbstbestimmung durch die Belegschaft. Läßt man die Interessenlage der Unternehmer beiseite, so ist überhaupt nicht mehr zu begreifen, weshalb es so schlecht sein soll, daß die Arbeiter und Angestellten selbst die Verantwortung für ihren Betrieb, das Risiko für sich, für ihre Arbeitsplätze, die ja ihre Existenzgrundlage sind, übernehmen. Warum soll es besser sein, daß ein einziger Mann über das Schicksal seines Betriebes entscheidet, wenn doch offensichtlich dadurch die Möglichkeit gegeben ist, daß er durch individuelle Fehlentscheidungen die Existenz der Beschäftigten seines Betriebes gefährden kann? Warum soll andererseits die unternehmerische Selbstbestimmung vor den Arbeitnehmern geschützt werden, wenn die kleinen Unternehmer von den Konzernen ohne weiteres niederkonkurriert und ihrer Selbstbestimmung beraubt werden können? Und wozu soll unternehmerische Selbstbestimmung gut sein, wenn anonyme Kapitalbesitzer gar nicht mehr selbst als Privatunternehmer in die Prozesse der Produktion und Vermehrung ihres Eigentums eingreifen, sondern diese Funktion dem Management und „leitenden Angestellten“ überlassen?

In der Diskussion um das Modell Süßmuth gab es auch Beiträge, die solche Fragen implizierten. So wies beispielsweise Peter Merseburger in der Fernsehsendung „Panorama“ darauf hin, daß „das unbeschränkte Recht auf Eigentum an Produktionsmitteln“, dieses „Grundrecht der Unternehmer, welches in unserer freien Wirtschaft heilig ist“, auch „das Recht auf Mißwirtschaft, ja selbst auf Konkurs einschließt“[38]. Nun muß allerdings festgehalten werden, daß die Fälle sicher selten sind, in denen dieses „Recht“ bewußt in Anspruch genommen wird, um möglicherweise auf betrügerische Art andere zu schädigen. In der Regel sind die Insolvenzen Folge jener Kämpfe um die Märkte, die jedem Unternehmen – wenn es überleben will – unerbittlich aufgezwungen werden. Und dabei spielt es keine große Rolle, ob der Betrieb dem Unternehmer Süßmuth oder seinen ehemaligen Arbeitern und Angestellten gehört. Im gnadenlosen Konkurrenzkampf aller gegen alle gilt nach wie vor das Wort: „Je ein Kapitalist schlägt viele tot.“[39]

Diese harte Tatsache war durch eine relativ lange Periode des wirtschaftlichen Aufschwungs nach der Währungsreform von vielen verdrängt worden. Aber ein Blick auf die Statistik der Erwerbstätigen nach ihrer Stellung im Beruf genügt, um zu zeigen, daß seit 1950 der Anteil der Selbständigen sowohl absolut als auch relativ zurückgeht und der der abhängigen Beschäftigten von 68,5 Prozent im Jahre 1950 auf 82,6 Prozent im Jahre 1970 angestiegen ist.

Erwerbstätige nach der Stellung im Beruf* (Jahresdurchschnitt)

Jahr	Erwerbstätige** insges. in 1000	Selbständige		Mithelfende Familienangehörige		Abhängig Beschäftigte**	
		in 1000	Anteil in vH	in 1000	Anteil in vH	in 1000	Anteil in vH
1950	20 376	3 245	15,9	3 168	15,6	13 963	68,5
1951	20 895	3 235	15,5	3 080	14,7	14 580	69,8
1952	21 300	3 230	15,2	3 015	14,2	15 055	70,6
1953	21 810	3 215	14,7	2 950	13,5	15 645	71,7
1954	22 395	3 215	14,4	2 900	12,9	16 280	72,7
1955	23 230	3 215	13,8	2 855	12,3	17 160	73,9
1956	23 830	3 210	13,5	2 815	11,8	17 805	74,7
1957	25 335	3 288	13,0	2 848	11,2	19 199	75,8
1958	25 530	3 334	13,1	2 788	10,9	19 408	76,0
1959	25 797	3 322	12,9	2 711	10,5	19 764	76,6
1960	26 247	3 284	12,5	2 632	10,0	20 331	77,5
1961	26 591	3 238	12,2	2 623	9,9	20 730	77,9
1962	26 783	3 203	12,0	2 527	9,4	21 053	78,6
1963	26 880	3 156	11,7	2 421	9,0	21 303	79,3
1964	26 979	3 089	11,4	2 343	8,7	21 547	79,9
1965	27 153	3 027	11,2	2 285	8,4	21 841	80,4
1966	27 082	3 023	11,2	2 189	8,1	21 870	80,7
1967	26 292	3 017	11,5	2 095	8,0	21 180	80,6
1968	26 342	2 946	11,2	2 066	7,8	21 330	81,0
1969	26 822	2 927	10,9	1 975	7,4	21 920	81,7
1970	27 204	2 898	10,6	1 844	6,8	22 462	82,6

*Bis 1956 ohne Berlin
**Einschließlich Soldaten

(*Quelle:* BMWF, 20 Jahre Leistung in Zahlen, '70, S. 16)

Tabelle I

Gab es im Jahresdurchschnitt 1950 noch 3 245 000 (15,9 %) Selbständige, so waren es im Jahre 1970 nur noch 2 898 000 (10,6 %). Sicher waren nicht alle Selbständige Unternehmer (Tab. I). Als Selbständige zählen auch jene Erwerbstätigen, die mit einem Bauchladen an der schönen Aussicht Souvenirs verkaufen. Aber immerhin: „Rund 200 000 Unternehmer verloren bereits in den vergangenen 20 Jahren ihre freie, selbständige Existenz – fast 130 000 Groß- und Einzelhändler gaben seit 1960 auf, und sogar 146 einstmals etablierte Privatbankiers rutschten während der letzten zwei Jahrzehnte ins große Kollektiv der Abhängigen."[40] Daß vom Verlust der Selbständigkeit auch die „familieneigenen Arbeitskräfte" betroffen werden, zeigt der radikale Rückgang des Anteils der mithelfenden Familienangehörigen.

Es ist den Propagandisten der Vorzüge des kapitalistischen Wirtschaftssystems meisterhaft gelungen, der Bevölkerung durch großangelegte Ablenkungsmanöver den konsequentensten Feind des freien Unternehmertums zu verbergen. Mit ihrem Geschrei gegen die paritätische Mitbestimmung, gegen Gewerkschaften und Sozialismus brachten sie es fertig, den Eindruck zu erwecken, als sei das private Eigentum an Produktionsmitteln (wie jegliches Privateigentum) durch Mitbestimmungs- oder Sozialisierungsforderungen der Linken gefährdet. Aber die Wirklichkeit sieht anders aus. Die Linken fordern zwar Mitbestimmung und Sozialisierung. Aber die in den letzten zwanzig Jahren allein in der Bundesrepublik ruinierten und enteigneten Kapitalisten (von den Landwirten ganz zu schweigen), wurden „nicht zwangskollektiviert von den Linken, nicht von einer gefräßigen Staatsmacht um ihre unternehmerische Freiheit gebracht – sie verloren sie an und durch ihre Kollegen“[41].

Niemand erledigt demnach die Forderungen der Sozialisten mit größerer Konsequenz als diejenigen, die den Kapitalismus gegen den Sozialismus mit einer Verbissenheit verteidigen, als gelte es mit ihm die abendländische Kultur zu retten. Sie sind es, die mit gnadenloser Härte die Konzentration des Kapitals vorantreiben. Nicht etwa weil sie schlechter wären als andere, sondern weil sie etwas zu verteidigen haben und gezwungen sind, die mörderische Jagd auf den größtmöglichen Profit mitzumachen, wenn sie nicht selbst eines Tages Lohn- oder Gehaltsempfänger sein wollen. Die ganz großen sind es, die den kleineren und mittleren Betrieben die Luft zum Leben nehmen und sie zwingen, entweder unterzugehen oder sich durch Aufgabe ihrer Unabhängigkeit gegenüber den Konzernen eine Frist zum Überleben zu sichern.

Mehr Insolvenzen

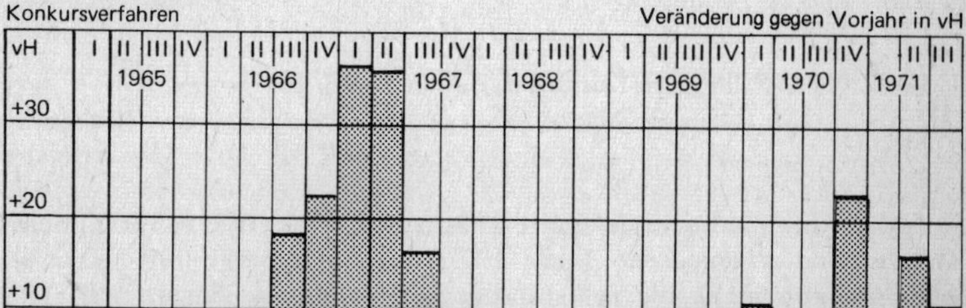

In den ersten neun Monaten des Jahres 1971 stiegen die Konkurse um fast 12%. Die „Millionenkonkurse“ nahmen sogar um 19% zu.
(Quelle: Wirtschaftswoche Nr. 8/72, S. 18)

Tabelle II

Die Statistik der Insolvenzen seit 1965 vermittelt einen Eindruck von jenen systemimmanenten Enteignungsprozeduren, die sich Jahr für Jahr vollziehen und seit dem Rezessionsjahr 1966/67 immer schärfere Formen annehmen (vgl. Tab. II).

Die Zahl der Firmenpleiten ist in Zeiten der Rezession besonders hoch, die sogenannten „Grenzbetriebe", dies sind nach gängiger Lesart „in der Regel die Nachzügler des wirtschaftlichen Fortschritts"[42], werden weggefegt. Diese Art der Bereinigung der kapitalistischen Wirtschaftsstruktur, die als eine permanente Revolution der Vermögensstruktur charakterisiert werden kann und ständig die Zahl der Unternehmer reduziert, ist eine wesentliche Säule des Kapitalismus, aber auch – so paradox es klingen mag – das sicherste Mittel seiner Selbstzerstörung.

Je mehr sich der Spielraum des freien Wettbewerbs verengt, desto stärker wird der Drang bzw. der Zwang zur Konzentration. Da „die Großunternehmen offensichtlich in besonderer Weise vor den Auswirkungen allgemeiner Wirtschaftskrisen geschützt sind"[43], sind es in erster Linie die Klein- und Mittelbetriebe, die entweder ganz aufgeben oder durch Anlehnung an größere ihre Selbständigkeit verlieren. „Diejenigen, die selbständig sind", sagt jedoch Huffschmid in seiner Untersuchung der Konzentration und Wirtschaftspolitik der BRD, „finden sich in einem Interaktionssystem, das durch die Größenstrukturen schon so vorgeformt ist, daß sich die kleinen Betriebe der erdrückenden Übermacht der Konzerne gegenübersehen, gegen deren ökonomisches Gewicht weder unternehmerische Initiative noch unternehmerischer Wettbewerb etwas vermag"[44]. Für Huffschmid besteht kein Zweifel daran, „daß dieses Übergewicht der Großen über die Kleinen ständig und von Jahr zu Jahr wächst"[45].

Im Kapitalismus herrschen – wie könnte es anders sein? – dessen Gesetze. Die Kapitalkonzentration in immer weniger privaten Händen ist nicht aufzuhalten. Dies geschieht unter dem Zwang zu ständigem wirtschaftlichen Wachstum und durch Unternehmenszusammenschlüsse (vgl. Tab. III), die der Sicherung und Steigerung der Profitchancen sowie – was nahezu dasselbe ist – der Verbesserung der internationalen Wettbewerbsposition der westdeutschen Industrie dienen.

Kapitalkonzentration bedeutet – gesellschaftspolitisch gesehen – Vermögens- und Machtkonzentration. „Ganze 160 000 Personen oder 0,7 Prozent aller Haushalte besitzen 90 Prozent aller Aktien und Investmentzertifikate."[46] 305 000 oder 1,7 Prozent aller Haushalte der Bundesrepublik verfügten bereits im Jahre 1966 über mehr als 70 Prozent des Betriebs- und Kapitalvermögens[47] und über 35 Prozent des gesamten privaten Vermögens, während auf die übrigen 98,3 Prozent aller Haushalte nur 65 Prozent des Vermögens entfielen.[48]

Der freie Wettbewerb, theoretisch die Grundlage und ideologisch die Rechtfertigung des kapitalistischen Wirtschaftssystems, nähert sich seinem Ende. Er ist durch „die ständige Aushöhlung der Marktwirtschaft"[49] in seine letzte Phase eingetreten. Die Antitrustgesetze, mit

Mehr „Firmenehen"

Unternehmenszusammenschlüsse nach § 23 Gesetz gegen Wettbewerbsbeschränkungen

	1963	1964	1965	1966	1967	1968	1969	1970	1971
Fusionen insgesamt	29	36	50	43	65	65	168	305	220
davon Kreditwirtschaft	–	–	–	–	1	4	34	52	60
Chemie	3	4	10	5	11	11	16	38	31
Maschinenbau	2	1	2	2	3	13	14	28	19
Elektrotechnik	3	8	7	2	6	6	20	29	17
Eisen und Stahl	–	–	–	1	–	1	3	17	9

1970 und 1971 fusionierten mehr Unternehmen als in den vorausgegangenen sieben Jahren. An der Spitze rangierten dabei Kreditwirtschaft und Chemie.

(*Quelle:* Wirtschaftswoche Nr. 8/72, S. 18)

Tabelle III

denen die verschiedenen kapitalistischen Staaten die Unternehmensverflechtungen zu unterbinden versuchen, sind nach Auffassung des amerikanischen Nationalökonomen Galbraith, einst der Berater des US-Präsidenten Kennedy, „eine Farce, da die Industriegiganten gegen sie immun sind“[50]. Auch die Versuche seitens des Staates, zur Stärkung des Wettbewerbs eine intensivere Mittelstandspolitik zu betreiben, stoßen letztlich alle auf die Grenzen, die durch die ökonomische und politische Macht der oligopolistisch oder gar monopolistisch konzentrierten und organisierten Großwirtschaft gezogen werden. Nach wie vor gilt, was selbst in dem von „marxistischem Ballast befreiten“ Godesberger Grundsatzprogramm der SPD im Jahre 1959 an sozialistischer Erkenntnis nicht ausgeklammert werden konnte: „Mit ihrer durch Kartelle und Verbände noch gesteigerten Macht gewinnen die führenden Männer der Großwirtschaft einen Einfluß auf Staat und Politik, der mit demokratischen Grundsätzen nicht vereinbar ist. Sie usurpieren Staatsgewalt. Wirtschaftliche Macht wird zu politischer Macht.“[51] Die unkontrollierte Macht der Konzerne ist längst zum Staat im Staate geworden. Rund „600 Personen lenken die westdeutsche Wirtschaft“[52]. Die Bundesregierungen, ob unter Adenauer, Erhard, Kiesinger oder Willy Brandt, müssen letztlich tun, was jenen nützt. Denn wer die Wirtschaft lenkt, hat es in der Hand, ob eine Regierung in den Augen der Wähler als erfolgreich gilt oder nicht.

Es wäre also in jedem Falle Unfug, den Konzentrationsprozeß durch ein strenges Gesetz gegen Wettbewerbsbeschränkungen, wie es die sozialliberale Regierung Brandt/Scheel angekündigt hat, zum Stehen bringen zu wollen. Erstens wird es doch nicht zu dem erhofften Erfolg führen. Zweitens würde es alle übrigen Reformvorhaben stark gefährden. Denn die „Durchführung der notwendigen Reformen und ein weiteres Steigen des Wohlstandes sind nur möglich bei wachsender Wirtschaft und gesunden Finanzen“[53]. Ein hartes Durchgreifen zugunsten eines wirksamen Wettbewerbs nach innen und nach außen würde sehr wahrscheinlich nicht – wie die Bundesregierung vermutet oder behauptet – „die sicherste Gewähr für die Leistungskraft einer Volkswirtschaft“ sein[54], sondern im Gegenteil dazu führen, daß diese Leistungskraft zurückgeht, weil – wie der Sprecher der Deutschen Bank AG, Franz Heinrich Ulrich sagte – „Kosten, Kapazitätsausnutzung, Forschung, Entwicklung“ sich meist leichter lösen lassen, „wenn man mit anderen zusammengeht“[55].

Durch die private Verfügungsgewalt einer winzigen Minderheit über den entscheidenden Anteil an den gesellschaftlichen Produktionsmitteln entstehen jene für den Kapitalismus typischen widersprüchlichen Probleme, die nicht mehr durch systemimmanente Mittel zu lösen sind; schon gar nicht mehr durch eine neuzeitliche Variante der „Maschinenstürmerei“, wie sie der Versuch darstellen würde, das monopolkapitalistische Entwicklungsstadium unseres Wirtschaftssystems durch Antikartellgesetze auf die Stufe der frühkapitalistischen Konkurrenzwirtschaft zurückzuwerfen. Im rasenden Tempo kapitalistischer Konzentration würde eine Verlangsamung des Prozesses auf nationalstaatlicher Basis schon ein Rückwärtsgang im internationalen Konkurrenzkampf werden.

Praktisch gibt es nur eine wirklich progressive, der Gesamtgesellschaft zugute kommende Lösung, die zwar nicht sehr neu ist, aber jetzt erst auch von den Gralshütern des Kapitalismus ins Auge gefaßt wird. Der für Wettbewerbsfragen zuständige EWG-Kommissar Albert Borschette sagte nämlich: „Auf die Dauer zwingt die Konzentration uns dazu, über eine neue Gesellschaftsordnung nachzudenken.“[56] Das heißt, nur durch die Demokratisierung, also die gesellschaftliche Kontrolle der Wirtschaft läßt es sich verhindern, daß Staat und Gesellschaft „zur Beute mächtiger Interessengruppen werden“[57].

Die einstmals sozialistischen Sozialdemokraten proklamierten in ihrem Godesberger Grundsatzprogramm die Schutz- und Förderungswürdigkeit des privaten Eigentums an Produktionsmitteln unter der Bedingung, daß es „nicht den Aufbau einer gerechten Sozialordnung hindert“[58]. Um der Enteignung der Kleinkapitalisten durch das Großkapital entgegenzuwirken, forderten sie: „Leistungsfähige mittlere und kleine Unternehmen sind zu stärken, damit sie die wirtschaftliche Auseinandersetzung mit den Großunternehmen bestehen können.“[59]

Vor diesem politisch-ökonomischen Hintergrund muß die Problematik des Modells Süßmuth gesehen werden. Erst die objektiven Gesetzmäßigkeiten kapitalistischer Wirtschaftsprozesse erhellen – über die Fehlleistungen des Unternehmers Süßmuth hinaus – die Zusammenhänge, die für die Krise der Glashütte in den Jahren 1969/70 verantwortlich sind. Die sozialdemokratische Haltung gegenüber den Widersprüchen des Systems, die sie einerseits erkennen, andererseits aber im Rahmen kapitalistischer Produktionsverhältnisse glauben lösen zu können, spiegelt sich in der Entscheidung wider, die die Hessische Landesregierung zugunsten der Süßmuth-Arbeiter gefällt hat. Ihr lag in erster Linie daran, die Arbeitsplätze dieser Menschen zu erhalten. Aber sicher spielte auch die Versuchung mit, einmal ein Zeichen zu setzen im Sinne der klassischen sozialdemokratischen Gesellschaftstheorie.

Der damalige hessische Wirtschaftsminister Rudi Arndt scheint sich allerdings bewußt gewesen zu sein, welches Risiko es bedeutet, im reißenden Strom des Kapitalismus eine künstliche Insel „sozialistischer" Arbeiterselbstverwaltung zu errichten. Er soll geäußert haben: „Wenn die Sache schiefgeht, sagen die Leute gleich, der ganze Sozialismus ist Mist."[60] Und er hat Recht damit. Denn das Bewußtsein der Öffentlichkeit ist so abgerichtet, daß es den Untergang eines Privatbetriebes als Selbstverständlichkeit hinnimmt, ohne die Verhältnisse, die dafür verantwortlich sind, in Frage zu stellen. Bräche aber das Modell Süßmuth unter den Keulenschlägen kapitalistischer Konkurrenz zusammen, dann wüßten alle sofort, was selbst der ansonsten so arbeitnehmerfreundliche katholische Sozialphilosoph Nell-Breuning sagte: Erst durch bittere Erfahrung werde den Gründern solcher Genossenschaften bewußt, „wie sehr sie bis dahin die unternehmerische Leistung unterschätzten"[61]. Daß die Produktionsgenossenschaften bisher in keinem Land so sehr die in sie gesetzten Erwartungen enttäuscht haben wie in Deutschland und auch alle Versuche in anderen Ländern gescheitert seien, führt Nell-Breuning darauf zurück, daß die „unerläßliche Ein- und Unterordnung im Betriebe" der kapitalistische Unternehmer viel leichter durchzusetzen vermag als „der Vorstand einer Genossenschaft gegen die Genossen"[62]. Er geht also davon aus, daß die Menschen nur zur Arbeit bereit sind, wenn sie unter der Befehlsgewalt eines Unternehmers stehen. Dies sagt sehr viel über den Stand der derzeitigen katholischen Sozialphilosophie und macht die negative Haltung der CDU zur Mitbestimmung verständlich.

Für den Sozialdemokraten Rudi Arndt „ist die Glashütte in Immenhausen kein besonders glücklich gewählter Modellfall eines in das Eigentum der Arbeitnehmer überführten Unternehmens", aber wohl nur deshalb, weil es sich in diesem Fall um einen gefährdeten Mittelbetrieb handelte. Wenn aber, wie er ergänzte, „die Arbeitnehmer der Farbwerke Hoechst zu mir gekommen wären, dann hätte ich sofort Ja gesagt"[63].

Es steht fest, daß die Außenbeziehungen des nach innen radikal demokratisierten Betriebes nach wie vor durch eine nicht demokratisch kontrollierte Wirtschaft bestimmt werden. Insofern hat sich das ökonomische Grundverhältnis der Süßmuth-Arbeiter nicht verändert. Noch immer sind sie in hohem Maße von den Bedingungen abhängig, die das kapitalistische Wirtschaftssystem diktiert.

Nur in Verbindung mit der vom Deutschen Gewerkschaftsbund (DGB) geforderten paritätischen Mitbestimmung, also mit einer verstärkten Demokratisierung unserer Wirtschaftsordnung, könnten demokratisch organisierte Mittelbetriebe wie die Glashütte Süßmuth vor den Tücken kapitalistischer Krisenwirtschaft, also vor den zerstörerischen Außeneinflüssen bewahrt werden. Solange es bei uns jedoch keine Wirtschaftsdemokratie gibt, bestehen für die Belegschaft dieses selbstverwalteten Betriebes große Schwierigkeiten, die zu bewältigen ein klares Bewußtsein ihrer Lage verlangt.

4. Innerbetriebliche Demokratie und Arbeiterbewußtsein

Helga Grebing zitiert in ihrer „Geschichte der deutschen Arbeiterbewegung" eine Ansprache des Fabrikherren Alfred Krupp aus dem Jahre 1877 an seine Betriebsangehörigen, in der es heißt: „Genießt, was euch beschieden ist. Nach getaner Arbeit verbleibt im Kreise der eurigen, bei den Eltern, bei der Frau und den Kindern und sinnt über Haushalt und Erziehung. Das sei eure Politik, dabei werdet ihr frohe Stunden erleben. Aber für die große Landespolitik erspart euch die Aufregung. Höhere Politik treiben erfordert mehr freie Zeit und Einblick in die Verhältnisse, als dem Arbeiter verliehen ist. Ihr tut eure Schuldigkeit, wenn ihr durch Vertrauenspersonen empfohlene Leute erwählt. Ihr erreicht aber sicher nichts als Schaden, wenn ihr eingreifen wollt in das Ruder der gesetzlichen Ordnung. Das Politisieren in der Kneipe ist nebenbei sehr teuer, dafür kann man im Hause Besseres haben . . ."[64]

Höhere Politik zu treiben oder einen Betrieb in voller Eigenverantwortung und Selbstbestimmung zu verwalten, erfordert tatsächlich „mehr freie Zeit und Einblicke in die Verhältnisse", als den Arbeitern von den Unternehmern gegeben wird. Und somit stellt sich die Frage: Wie können Arbeiterselbstverwaltung und innerbetriebliche Demokratie in der Glashütte Süßmuth praktisch funktionieren, wenn den Arbeitern nie zuvor die Gelegenheit gegeben wurde, sich einen Einblick in die Verhältnisse des Betriebes zu verschaffen und demokratische Verhaltensweisen zu üben?

Da Selbstverwaltung und innerbetriebliche Demokratie nicht unbedingt identisch sein müssen, weil es möglich ist, die Demokratie auch als formaldemokratischen Wahlakt zu praktizieren, der, einmal vollzogen, es den Gewählten ermöglicht, gegen die Interessen der Wähler Entscheidungen zu treffen, muß Arbeiterselbstverwaltung – soll sie mehr sein, als ein formales Recht – ständig die Fähigkeit der Belegschaft fördern, betriebs- und volkswirtschaftliche Zusammenhänge zu begreifen und Entscheidungen der Selbstverwaltungsorgane betriebs- wie gesellschaftspolitisch richtig einzuschätzen.

Es mag paradox erscheinen, wenn hier gesagt wird, daß die Arbeiterselbstverwaltung die Fähigkeit zur Arbeiterselbstverwaltung fördern soll. Aber angesichts der Machtverhältnisse in der kapitalistischen Gesellschaft kann nicht erwartet werden, daß der Staat oder Privatunternehmen die Arbeiter auf diese Aufgaben vorbereiten. „Wir sind ja alle von heut auf morgen in diese Position gekommen, und die Qualifikation fehlt noch", sagte der Magazinverwalter und Vorsitzende der Gesellschafterversammlung Heinz Müllrich.[65] Diese Qualifikation müssen sich die Arbeiter und Angestellten der Glashütte, seit sie ihre eigenen Unternehmer sind, in einem anstrengenden Lernprozeß erst aneignen. Daß sie dabei die volle Unterstützung ihres Geschäftsführers Klaus Boerner haben, kann vorausgesetzt werden. Er, der der Schwiegersohn des ehemaligen Unternehmers Richard Süßmuth ist, hat – nach seinen eigenen Worten – „gegen dessen Widerstand . . . zusammen mit der Belegschaft diesen neuen Weg durchgekämpft"[66].

Er sagt: „Die treibende Kraft waren die aktiven Teile der Belegschaft, die nicht einzusehen bereit waren, daß man einen solchen Betrieb, der im Kern und vor allem von der Belegschaft her gesund war, einfach in Konkurs gehen lassen sollte. Zusätzlich war sehr wesentlich in diesen Überlegungen die Aktivität des Bezirksleiters unserer Gewerkschaft, Franz Fabian in Frankfurt, der mehr oder weniger die Rolle des Geburtshelfers gespielt hat."[67]

Zur Qualifikation der Arbeiter bezüglich ihrer Aufgabe in den Selbstverwaltungsorganen stellt Klaus Boerner fest: „Ich trete den Gesellschaftern nicht zu nahe, wenn ich sage, daß sie ihrer Aufgabe noch nicht voll gewachsen sind. Wie sollten sie auch? Unverkennbar ist jedoch der Fortschritt, die Entwicklung auch unternehmerischer Qualitäten, die niemand bei einem Arbeiter vermutet hätte." [68]

Im Gespräch mit den Gesellschaftern zeigt sich, daß sie sich mit dem Betrieb und seinen Problemen identifizieren.[69] Ihr Eigeninteresse ist schon hinter das Gesamtinteresse des Betriebs zurückgetreten. Die Lernbereitschaft ist groß. Und die konkrete Möglichkeit, in das Betriebsgeschehen, in die Entscheidungsprozesse Einblick zu nehmen und selber einzugreifen, treibt die Fähigkeit der Gesellschafter zur Selbstverwaltung und Selbstbestimmung ständig voran.

Sie erkennen und lernen, daß und weshalb es notwendig ist, manchmal unpopuläre Entscheidungen zu treffen. Sie erfahren täglich den Widerspruch, der zwischen kurzfristig individuellen Interessen und Bedürfnissen auf der einen und langfristigen Interessen der Gesamtbelegschaft auf der anderen Seite besteht. Und sie wissen auch, daß dieser Widerspruch nicht anders aufzuheben ist als durch die Einsicht eines jeden einzelnen Arbeiters oder Angestellten in die Notwendigkeit der Entscheidungen, die sich aus der industriellen Produktion unter den besonderen Bedingungen des Kapitalismus oder grundsätzlicher ökonomischer Gesetzlichkeiten ergeben.

Der Aufgabenbereich dieser Gesellschafter ist so umfassend, daß es nicht möglich ist, ihn hier darzustellen. Über die schon an anderen Stellen beschriebenen Verpflichtungen im Rahmen ihrer Selbstverwaltertätigkeit, die sie ja nach der regulären Arbeit absolvieren, sind sie vor allem nicht nur Lernende, sondern auch Lehrende. Gesellschafter Müllrich hat in einem Interview mit dem Südwestfunk[70] auf die Frage, wie groß denn der Anteil der Indifferenten, der nicht für das Modell Süßmuth Engagierten sei, geantwortet: „Das kann man in Zahlen oder Prozenten nicht sagen. Wir haben einen Großteil, der sich sehr engagiert hat, um das durchzustehen, wir haben auch einen Teil, hauptsächlich verheiratete Frauen, die hier ihren 8-Stundentag ableisten, dann ihre Familie zu versorgen haben; von ihnen kann man nicht soviel Engagement erwarten, als von den speziellen Facharbeitern und eben auch von vielen Gewerkschaftlern, die ja in diesem Modell ihr Ziel sehen."[71] Und der engagierte Glasmacher, Gewerkschafter und Gesellschafter Bilo, einer der feurigsten Anhänger des Modells Süßmuth, kommentierte: „Ich meine, wir wollen uns über eines im klaren sein, daß das Bewußtsein auch unserer Kolleginnen und Kollegen noch nicht so weit ist, daß sie absolut wissen, um was es geht. Denn jede Kollegin oder Kollege, der gewerkschaftlich organisiert ist, stellt zunächst erst einmal seine Interessen und Forderungen in den Vordergrund, und die gesamtbetrieblichen Interessen stellt er an die zweite Stelle, und es bedarf hier einer enormen Arbeit, um den Kolleginnen und Kollegen klarzumachen, daß dieser Betrieb ihnen gehört und daß sie jetzt Forderungen, auch wir als Gewerkschaften, Forderungen, die wir stellen, direkt erst mal an uns selber stellen."[72]

Rudi Bilo sieht es realistisch. Er glaubt, „daß das von heute auf morgen von den Kolleginnen und Kollegen die Mehrheit überfordert"[73].

Wichtig ist, daß die Gesellschafter und der Geschäftsführer sowie alle übrigen Engagierten die Geduld nicht verlieren. Denn daß noch immer sehr viele Belegschaftsmitglieder nicht erkennen, worauf es in einem Betrieb ankommt, der die Mitbestimmung, wie der Magazinverwalter Heinz Müllrich sagte, „schon übersprungen"[74] hat und ohne „Vorbilder" die Selbstbestimmung praktiziert, das sagt überhaupt nichts gegen die Selbstbestimmung, sondern beweist nur, daß die den lohn- und gehaltsabhängigen Massen der Bevölkerung gebotene Bildungsgrundlage, ihre Lebensvoraussetzungen in einer kapitalistischen Gesellschaft und ihre Arbeitsbedingungen in einem privaten Unternehmen nicht geeignet sind, ihnen ein Bewußtsein zu vermitteln, das sie in die Lage versetzen würde, eines Tages von sich aus die Forderung zu stellen: Wir wollen in unserem Betrieb die Arbeiterselbstverwaltung!

Den Bewußtseinsstand, die Einstellung der Süßmuth-Belegschaft zur Arbeiterselbstverwaltung und alle damit zusammenhängenden Probleme einmal empirisch zu ermitteln, mußte angesichts der Tatsache, daß eine solche Untersuchung von keinem Privatunternehmer behindert werden konnte und außerdem objektiv im Interesse aller Beschäftigten lag, unbedingt in Angriff genommen werden. Es galt zuerst einmal die Entscheidung zu treffen, ob es sinnvoll sein würde, mit jedem einzelnen Arbeiter und Angestellten ein breitangelegtes Interview durchzuführen, wie die soziologische Untersuchung von Popitz, Bahrdt u. a. über „Das Gesellschaftsbild des Arbeiters" es nahelegte, oder ob es ausreichen würde, jedem einzelnen Belegschaftsmitglied einen Fragebogen zu geben, der nach Feierabend oder übers Wochenende ausgefüllt und dann zurückgegeben werden konnte.

Für den Betrieb und die Beschäftigten war es bestimmt günstiger, die Methode mit dem geringsten Aufwand anzuwenden. So wurde denn ein Fragebogen (s. S. 53 ff.) entworfen, der sich auf Vorgespräche mit den Gesellschaftern und Betriebsratsmitgliedern stützte und später von Klaus Boerner, dem Geschäftsführer, durch große Sachkenntnis noch sinnvoll ergänzt werden konnte. Die Fragen zielten darauf ab, die wichtigsten Strukturdaten der Belegschaft (Beruf, Alter, Schulbildung etc.) zu erfassen und darüber hinaus einen Einblick in die soziale Lage, die inner- und außerbetriebliche Stellung, die gesellschaftliche Integration, Mitgliedschaft in Gewerkschaft und Parteien etc. zu gewähren.

Obwohl vollkommene Anonymität zugesichert worden war, und die Fragebogen in eine versiegelte Urne eingeworfen werden konnten, kamen von rund 250 möglichen nur 27 (teilweise nicht einmal vollständig ausgefüllt) zurück. Statt dessen meldeten sehr viele Arbeiter ihre Bedenken an, ob der Fragebogen nicht doch zu tief in die persönlichen Angelegenheiten eindringe, ob es denn nötig gewesen sei, nach dem Beruf des Vaters, nach dem Einkommen, nach der Parteizugehörigkeit und ähnlichen Dingen mehr zu fragen. Damit war die Aktion vorerst einmal gescheitert. Die Selbstbestimmung muß man respektieren, auch wenn sie – wie in diesem Falle – sich gegen jene richtet, die sie unterstützen wollen.

Eine Analyse der zurückgegebenen Fragebogen ergab, daß – obgleich rein zufällig – eine annähernd „repräsentative" Gruppe der allgemeinen Weigerung nicht gefolgt war. Bei einem Belegschaftsstand von rund 250 waren 27 Rückgaben immerhin schon mehr als 10 Prozent. Da die ca. 20 ausländischen Arbeitskräfte aus sprachlichen Gründen diesen Fragebogen ohnehin nicht hätten beantworten können und immerhin ein Bruchteil der Belegschaft wegen Urlaubs oder Krankheit ausfällt, erhöht sich der hier als „repräsentativ" angesehene Anteil von 27 abgegebenen Fragebogen auf rund 13 Prozent.

Der Anteil der Frauen, die den Fragebogen ausgefüllt zurückgaben, entspricht etwa demjenigen in der Grundgesamtheit. Damit ist ein wichtiges Kriterium für die Repräsentativität gegeben. Auch der Test der Anteile von Arbeitern, Facharbeitern und Angestellten liefert brauchbare Annäherungswerte. Der gewerkschaftliche Organisationsgrad (1970 über 72 Prozent), der heute ca. 75 Prozent beträgt, verfehlt den aus den Fragebogen ermittelten Durchschnittswert nur um 2 Prozent.

Dennoch soll hier nicht der Versuch gemacht werden, die Analyse zu qualifizieren. Sie kann nur grobe Tendenzen anzeigen, die mit den Prozentzahlen deutlich erkennbar werden. Die Tabellen können also durchaus einen Eindruck davon vermitteln, wie die Belegschaft strukturiert ist und welche Haltung sie zu bestimmten Fragen einnimmt.

Nach drei Kriterien sind die Antworten aufgeschlüsselt. In Rubrik 2 finden sich die unterschiedlichen Antworten der Männer und Frauen, in Rubrik 3 die der Arbeiter und Facharbeiter. Am interessantesten mag Rubrik 4 sein. Sie nimmt bezug auf Frage 9, in der es heißt: „Im Zusammenhang mit der Übernahme der Glashütte durch die Arbeiter und Angestellten wurde in der Presse viel von Sozialismus geschrieben und gesprochen. Finden Sie das richtig?" Je nachdem, ob diese Frage mit einem Ja oder einem Nein beantwortet wurde, konnte vermutet werden, daß auch alle übrigen Antworten, die die Arbeiterselbstverwaltung, die Gewerkschaften, den Arbeitsplatz, den Lohn etc. betrafen, von dieser Meinung beeinflußt werden würden. Ein Vergleich der „Tendenzzahlen" (und nur als solche dürfen die angegebenen Prozentzahlen gewertet werden) mit denen der übrigen Spalten zeigt, daß tatsächlich diejenigen, die die Frage 9 mit Ja beantworteten, die es also richtig finden, daß die Presse bei der Darstellung des Modells Süßmuth von Sozialismus sprach, sich relativ häufig – vor allem in politischen Fragen – von den übrigen Gruppen unterscheidet.

Es soll den besonders stark Interessierten überlassen bleiben, sich in die Fragen und Antworten zu vertiefen und festzustellen, wie die 27 Belegschaftsmitglieder auf die angesprochenen Probleme reagiert haben. Es ist leicht zu erkennen, daß die Zahlen bestimmte Tendenzen eindeutig widerspiegeln. Und da zu vermuten ist, daß sie kein völlig irreales Bild von der Einstellung der Gesamtbelegschaft abgeben, mögen sie dazu dienen, den Gesamteindruck über das Modell Süßmuth, der in diesem Bändchen vermittelt werden soll, positiv zu ergänzen. Falsch wäre es allerdings, aus diesen Zahlen endgültige Schlüsse ziehen zu wollen. Obgleich sie in vielen Einzelheiten bestätigen, was schon auf Grund der Vorgespräche mit den Gesellschaftern, mit Betriebsratsmitgliedern und der Geschäftsleitung vermutet werden konnte, geben sie doch auch eine Fülle von Rätseln auf, die erst gelöst werden können, wenn einmal die Bereitschaft der Süßmuth-Arbeiter vorhanden ist, auf der Basis der bis jetzt gewonnenen Erkenntnisse eine systematische und die ganze Belegschaft umfassende Befragung durchzuführen.

Zweifellos sind die Reaktionen der Süßmuth-Arbeiter zum größten Teil bedingt durch die in einem langen Sozialisationsprozeß in Familie, Schule und Betrieb verinnerlichten Normen einer autoritären und repressiven Gesellschaft. Oder – um es in einer auch für die Arbeiter verständlichen Sprache zu sagen: Das, was ihnen an Mißtrauen und Angst in den Knochen sitzt, ist das Ergebnis ihrer Erziehung und ihrer Lebenserfahrung. Sie wissen doch zu genau, daß letztlich alles auf ihrem Rücken ausgetragen wird, daß sie in der Regel die Betrogenen sind. Warum also sollten sie nicht besorgt sein? Welchen Grund hätten sie, nun zu glauben, alles sei in bester Ordnung und ein für allemal erledigt?

Helmut Depta, ein junger Glasmacher und engagiertes Mitglied der Gesellschafterversammlung, sagte dazu: „Es sind auch viele Kleinigkeiten, wo Mißtrauen entwickelt wird – und es wird immer schwieriger, das wieder abzubauen.“[75] Er glaubt, „daß – wenn wir mehr sichtbare Erfolge hätten, kurzfristig –, daß dann die Moral viel mehr gestärkt würde“. Und es handelt sich dabei nicht nur um Erfolge „materieller Art, auch betrieblich“ geschehen Dinge, die Enttäuschungen hervorrufen. Depta nennt ein Beispiel: „Wir hatten anfangs ein Super-Management, da hatte man solches Vertrauen reingesetzt: Jetzt haben wir *die* Leute! Und nachher kam der dicke Hammer und ein Haufen Verluste hinterher. Verluste macht man schnell, aber die sind in den zwei Monaten nicht wieder aufgeholt, in denen man sie gemacht hat.“

Als in einer Gesprächsrunde von einer noch nicht lange dem Betriebsrat angehörenden Frau moniert wird, daß in ihrer Gegenwart – im Gegensatz zu früher – kaum noch über anstehende Probleme „geschimpft oder geklagt“ werde, weil offenbar das mit der Wahl zum Ausdruck gebrachte Vertrauen nach der Wahl sofort nachlasse, versuchte Gesellschafter Depta diesen Widerspruch damit zu erklären, „daß hier der Betriebsrat doch eine ganz andere Funktion hat als in jedem anderen normal kapitalistischen Betrieb“. „Ich meine“, sagte er, „da sind doch Probleme, bei denen in jedem kapitalistischen Betrieb der Betriebsrat sagen würde: Das ist einfach und klar, so wird's gemacht! Hier muß er doch erst mal überlegen: Mensch, wie machen wir es denn nun? Er muß ja auch sehr viele unpopuläre Entscheidungen treffen, die vielleicht gar nicht im Sinne eines Betriebsrates sein können oder dürfen. Und dadurch kommt das Seltsame: Na, jetzt sagen wir nicht mehr viel!“

Der Betriebsrat, der ja eindeutig die Interessen der Belegschaft zu vertreten hat, gerät im selbstverwalteten Betrieb in Widerspruch zu seiner auf kapitalistische Verhältnisse abgestimmten Funktion. Denn im Rahmen der Arbeiterselbstverwaltung vertritt er selbstverständlich auch dann die Belegschaftsinteressen, wenn er – letztlich zugunsten jedes einzelnen Arbeiters und Angestellten – durch „unpopuläre Entscheidungen“ vor Einzelansprüchen, die nicht gerechtfertigt sind oder vom Betrieb „noch nicht“ verkraftet werden können, bewahren hilft.

Dasselbe gilt für die Gesellschafter. Auch sie werden – so vermutet Geschäftsführer Boerner – „als ein innerer Kreis“ angesehen, der völlig unbeabsichtigt in die Rolle einer Elite gedrängt wird. Die Betriebsratsmitglieder und die Gesellschafter erkennen diese Probleme. Manche neigen etwas zur Resignation. Aber es ist zweifellos die Mehrheit unter ihnen davon überzeugt, daß durch verstärkte Information, durch zu erwartende sichtbare Erfolge und eine intensive Bildungsarbeit immer mehr Arbeiter und Angestellte nicht mehr „nur danebenstehen“, sondern durch persönliches Engagement dazu beitragen, daß die Selbstbestimmung nicht nur von jenen ausgeübt wird, die als Gewählte gezwungen sind, die Interessen des Gesamtbetriebes, d. h der Belegschaft insgesamt, notfalls auch gegen einzelne seiner Miteigentümer wahrzunehmen. Doch dies ist ein „langer Marsch", verbunden mit einem für manche schmerzlichen Lernprozeß.

Heute gibt es schon Beweise dafür, daß sich vieles gebessert hat. Die Umfrage zeigt, daß das „Betriebsklima" sehr positiv bewertet wird. Die Entwicklung des Betriebes beweist, daß es – trotz aller Anfangsschwierigkeiten – aufwärts geht. Was schließlich bleibt, ist die Frage der Verteilung des erarbeiteten Mehrwerts. Sicherheit des Arbeitsplatzes, volle Freiheit der Kritik und besseres „Betriebsklima" allein können den Kampf um den „gerechten Lohn" nicht beseitigen. Gesellschafter, Betriebsratsmitglieder und Geschäftsleitung nennen als Quelle ständiger Unzufriedenheit ausnahmslos den Lohn. Und nicht einmal den Lohn in seiner absoluten Höhe, sondern die Lohnunterschiede. Sie sind das zentrale Problem, sagt Klaus Boerner, „weil jetzt im Grunde jeder einzelne glaubt, darüber mitentscheiden zu können, wie der einzelne Arbeitsplatz bewertet wird". Und er zeigt auch, weshalb dies ein besonderes Problem selbstverwalteter Betriebe ist und sein wird, wenn er feststellt: „Früher hat das eben der Unternehmer autoritär entschieden: Da gibt's das, da gibt's das! Aber jetzt glaubt jeder eben mit abwägen zu können: Der tut auch nicht mehr als ich, also ist das nicht richtig, ich müßte die Möglichkeit haben, darauf einzuwirken. – Gedanken, die es früher eigentlich kaum gegeben hat."[76] Das „ganz große Problem" sieht Boerner darin, daß eben ein großer Teil der Arbeiter doch nicht – oder noch nicht – imstande sei, seine Arbeit richtig zu bewerten. Es sei natürlich, daß man dazu neige, sich zu überschätzen.

So wichtig das Geldverdienen für Menschen ist, die nur über das „Kapital" Arbeitskraft verfügen, noch wichtiger scheint es zu sein, durch den „gerechten Lohn" zu der Selbstachtung und dem Ansehen zu gelangen, die denjenigen, die mit körperlicher Arbeit ihre Existenz erhalten müssen, in unserer Gesellschaft meist versagt bleiben. „Gewissermaßen als Ersatz sucht der Arbeitnehmer seine Selbstachtung wenigstens in einem möglichst hohen und ‚gerechten' Arbeitsverdienst zu bestätigen. In der kapitalistischen Gesellschaft wird das Geld zum Maß aller Dinge. Daher wird die Bedeutung des einzelnen Menschen nicht nach seiner Persönlichkeit beurteilt, sondern er wird nach seinem ‚Geldwert', sprich: Einkommen gemessen. Der Lohn oder das Gehalt des einzelnen Arbeitnehmers ist nicht nur Mittel zum Lebensunterhalt, sondern sein Statussymbol, das seinen Rang und seine ‚Würde' in der Gesellschaft bestimmt. So wird der Arbeitnehmer nicht direkt in seinen Leistungen geachtet, sondern nur nach dem ihm eigentlich fremden, äußerlichen Maßstab seines Arbeitsverdienstes, der nicht ausschließlich vom Arbeitnehmer allein abhängt."[77] Und er hängt auch nicht allein vom Unternehmen ab. In ihn spielen so viele Faktoren hinein, daß es unmöglich ist, hier auch nur annähernd darauf einzugehen. So viel aber läßt sich sagen: Das mit den unterschiedlichen Lohnhöhen verbundene Problem läßt sich selbst mit einer totalen Einebnung des derzeit bestehenden Lohngefälles bestenfalls lindern, aber niemals beseitigen. Wenn es der Abstand zwischen den einzelnen Löhnen ist, auf Grund dessen Arbeiter und Angestellte ihren Selbstwert und ihren „Rang“ in ihrer Umwelt bestimmen, dann wird immer wieder um diesen Abstand mit all den Mitteln gekämpft werden, die jedem jeweils zur Verfügung stehen.

Wo alle Werte im Kampf um Löhne, Preise und Profite rücksichtslos zerstört wurden, da kann auch die in einem Einzelbetrieb praktizierte Arbeiterselbstverwaltung und Selbstbestimmung nicht plötzlich wie durch ein Wunder neue Werte schaffen. Diese können sich erst herauskristallisieren in einem schwierigen Lernprozeß, an dessen Ende Einsichten zu stehen hätten, die im Rahmen kapitalistischer Denkformen überhaupt nicht zu gewinnen sind.

Das Modell Süßmuth verschafft seinen „Arbeiter-Unternehmern“ die Chance, diese Denkformen zumindest nach innen zu überwinden. Allerdings dürfen sich dann die Belegschaftsmitglieder nicht so sehr als eine besondere Art von Unternehmern verstehen, auch wenn sie gezwungen sind, sich den Zwängen des Systems zu beugen, sondern sie müssen versuchen, den zentralen Wert ihrer Arbeit darin erkennen zu lernen, daß sie in kollegialer Anstrengung aller Welt den Beweis erbringen: Arbeiterselbstverwaltung und innerbetriebliche Demokratie sind kein Angriff auf die freiheitlich demokratische Grundordnung, sondern eine Möglichkeit, sie für alle – auch die Lohn- und Gehaltsabhängigen – zu verwirklichen.

„Um ein Pfahl im Fleische des Kapitalismus zu sein“, sagt Geschäftsführer Boerner, „sind wir zweifellos zu klein und auch viel zuwenig imstande, jetzt gesellschaftlich in dem erforderlichen Maße nach außen zu wirken. Ein wirklicher Pfahl oder ein Pfählchen oder eine Stecknadel werden wir vielleicht sein, wenn wir in ein paar Jahren bewiesen haben, daß dieser Versuch wirklich geglückt ist und daß wir auch das Modell, von dem vielfach gesprochen wird, geworden sind.“[78]

Noch ist es nicht soweit. Und es hängt – wie gesagt – nicht nur vom Fleiß und dem Können der Süßmuth-Arbeiter ab, ob die Anstrengung Früchte trägt. Denn die Konkursgefahr war ja in einer Zeit entstanden, in der „unternehmerische Selbstbestimmung“ noch regierte. Aber für die Arbeiter hat sich doch schon mancher Beweis ergeben, daß sie ihre Probleme selber meistern können. Ein Glasmacher, der schon über zehn Jahre in der Glashütte arbeitet, hat es einfach und eindrucksvoll formuliert:

„Ja sicher hat sich da was geändert. Vor allem, daß wir selbst wirklich den Betrieb in die Hand bekommen haben, daß wir selbst entscheiden können. Jetzt ist es wirklich anders wie früher. Früher war es eben, wie soll man sagen, Kapitalismus: Einer hat ganz allein regiert. Heute können wir selber sagen, so und so, das paßt nicht, vielleicht kann was besser gemacht werden.“[79]

Ergebnis einer Umfrage unter der Süßmuth-Belegschaft[80]

	1.	2.		3.		4.	
	Insgesamt	Männer	Frauen	Arbeiter	Facharbeiter	Ja	Nein
	in Prozenten						
1. Geschlecht							
a) männlich	63	63	–	66	77	75	57
b) weiblich	37	–	37	33	11	25	43
2. verheiratet Ja	55	60	53	47	44	63	57
3. Religion							
a) evangelisch	70	82	50	87	44	88	64
b) katholisch	22	12	40	13	11	12	21
c) andere Konfession	7	6	10	–	11	–	14
d) ohne Konfession							
4. a) sind Sie Flüchtling oder Vertriebener? Ja	41	35	50	33	44	25	50
b) Sind Ihre Eltern Flüchtlinge oder Vertriebene? Ja	41	29	60	33	50	38	43
5. Schulbesuch in:							
a) Volksschule	100	100	100	100	100	100	100
b) Berufsschule	59	65	50	47	66	63	50
c) Real- oder Mittelschule (ohne Abschluß)	7	–	20	–	–	13	–
d) Real- oder Mittelschule (mit Abschluß)	–	–	–	–	–	–	–
e) Höhere Schule (ohne Abschluß)	–	–	–	–	–	–	–
f) Höhere Schule (mit Abschluß)	–	–	–	–	–	–	–
g) Fachschule	7	–	20	–	20	–	29
h) andere..............	4	–	–	–	–	–	7
6. Arbeitsverhältnis							
a) Arbeiter(in)	59	65	50	100	–	63	43
b) Facharbeiter(in)	30	35	20	–	100	38	29
c) Angestellte(r)	11	–	30	–	–	–	14
d) Lehrling							
7. Wohnen und Auto							
a) Haben Sie in der Familie ein Auto?	55	41	80	47	33	38	57

	Insgesamt	Männer	Frauen	Arbeiter	Facharbeiter	Ja	Nein
	in Prozenten						
b) Wohnen Sie im eigenen Haus?	26	29	20	27	33	50	14
c) Haben Sie eine Werkswohnung	26	35	10	20	44	13	36
oder eine							
d) freigemietete Wohnung	–	–	–	27	22	25	43
e) Haben Sie vor zu bauen?	19	12	30	20	–	–	36
8. Mitgliedschaft in einer Organisation							
Sind Sie Mitglied einer Gewerkschaft? Ja	77	88	60	87	55	88	57
Haben Sie eine Funktion							
a) als Vertrauensmann Ja	7	12	–	13	–	88	7
b) als Betriebsrat Ja	4	–	–	–	11	–	–
Waren Sie früher einmal							
a) Vertrauensmann Ja	4	–	–	13	11	25	7
b) Betriebsrat Ja	–	–	–	7	11	13	14
Sind Sie Abteilungssprecher? Ja	7	12	–	7	11	25	7
Wenn Sie keiner Gewerkschaft angehören, welche Gründe haben Sie?							
a) Die Gewerkschaftsbeiträge sind mir zu teuer	15	–	40	13	–	–	21
b) Die Gewerkschaft kann mit auch nicht helfen	4	–	10	–	–	–	–
c) Ich brauche keine Gewerkschaft	–	–	–	–	–	–	–
d) andere Gründe	–	–	–	–	–	–	7
Sind Sie Mitglied einer politischen Partei? Ja	7	6	10	–	13	13	7
Haben Sie eine Parteifunktion? Ja	–	–	–	–	–	–	–
Hatten Sie früher einmal eine Parteifunktion? Ja	4	6	–	–	11	–	–

	Insgesamt	Männer	Frauen	Arbeiter	Facharbeiter	Ja	Nein
	in Prozenten						
Sind Sie Mitglied in einem kommunalen Parlament? Ja	–	–	–	–	–	–	–
Waren Sie einmal Mitglied in einem kommunalen Parlament? Ja	4	6	–	–	11	13	–
Wenn Sie keiner Partei angehören, welche Gründe haben Sie?							
a) Ich verstehe nichts von Politik	11	12	10	27	–	13	14
b) Politik verdirbt den Charakter	–	–	–	–	–	–	7
c) Die Beiträge sind zu hoch	–	–	–	–	–	–	–
d) Die da „Oben" machen ja doch, was sie wollen	4	–	10	–	11	–	7
e) Ich habe keine Zeit für Politik	7	6	10	7	–	13	7
f) Ich habe kein Interesse für Politik	19	6	40	20	–	–	21
g) Auf meine Meinung würde ja doch keiner hören	–	6	–	7	–	–	–
h) Ich ziehe ein ruhiges Familienleben vor	30	24	40	27	22	13	36
i) Es ist genug, daß ich die Politik kritisch beobachte	19	18	20	13	33	25	14
j) andere Gründe	–	6	–	–	11	–	7
9. **Zur Selbstverwaltung: Im Zusammenhang mit der Übernahme der Glashütte durch die Arbeiter und Angestellten wurde in der Presse viel von Sozialismus geschrieben und gesprochen.** Finden Sie das richtig?							
Ja	30	29	20	33	33	100	–
Nein	52	53	60	66	44	–	100
10. **Die Selbstverwaltung ist „eine" Organisationsform eines Betriebes.** Wie sehen Sie die Selbstverwaltung? (kreuzen Sie ihre Meinung an)							

	Insgesamt	Männer	Frauen	Arbeiter	Facharbeiter	Ja	Nein
	in Prozenten						
a) Der Betrieb ist jetzt demokratisch geleitet	26	29	20	27	22	25	36
b) Jede Selbstverwaltung ist sozialistisch	–	–	–	–	–	–	–
c) Nun können wir über die wichtigen Dinge selbst entscheiden	11	12	10	20	11	25	14
d) Der Befehlston des Unternehmers ist verschwunden	11	18	–	7	11	13	7
e) Das Verhältnis zur Arbeit hat sich verbessert	32	29	10	33	11	–	43
f) Ich habe jetzt eine ganz andere Einstellung zum Betrieb	4	6	–	7	11	25	–
g) Unsere Vorgesetzten sind jetzt unsere Vertreter	26	18	40	7	33	–	50
h) Kritik an der Betriebsleitung ist jetzt möglich	15	18	40	20	11	13	21
i) Die Eigenverantwortlichkeit eines jeden ist jetzt größer	26	24	30	13	33	38	29
j) Wir werden eines Tages am Gewinn beteiligt	11	12	10	7	22	13	21
k) Ich als kleines Belegschaftsmitglied habe keine Mitsprache	7	6	–	7	11	–	14
l) Es ist alles noch genauso wie unter Richard Süßmuth	4	6	–	7	–	–	–
m) Es ist noch schlechter als früher	4	6	–	7	–	–	7
n) Ich will nur meinen Arbeitsplatz erhalten, sonst nichts	19	18	20	13	22	–	29
o) Ich verstehe nichts von Betriebsführung	11	12	10	20	–	–	14
p) Selbstverwaltung ist nicht weiterzuempfehlen	–	–	–	–	–	–	–
q Die Arbeitsbedingungen sind nicht sozial	4	–	10	7	–	–	7

	Insgesamt	Männer	Frauen	Arbeiter	Facharbeiter	Ja	Nein
	in Prozenten						
r) Im Kapitalismus kann ein Betrieb nicht sozialistisch sein	4	–	10	7	–	–	7
s) Wir werden von der Betriebsleitung schlecht informiert	11	12	10	13	11	25	–
t) Andere Meinung	4	6	–	–	11	–	–
11. Arbeiterselbstverwaltung verlangt von jedem Mitarbeiter eine große Übersicht über wirtschaftliche und politische Vorgänge im Betrieb und draußen. Wären Sie persönlich bereit, sich ständig weiterzubilden?							
Ja	52	47	60	20	88	50	57
Nein	30	35	20	53	–	50	21
Haben Sie schon einmal an Weiterbildungskursen teilgenommen?							
Ja	19	18	20	7	33	38	14
Nein	63	35	70	67	55	63	64
Welche Kurse waren das?							
a) Volkshochschulkurse	4	–	10	–	–	–	14
b) Gewerkschaftsseminare	11	12	10	–	22	25	14
c) Betriebskurse	4	6	–	–	22	25	–
Wenn nein, warum nicht?							
a) Ich habe zu wenig Zeit	7	6	10	13	–	13	–
b) Ich bin nach der Arbeit zu fertig	15	24	–	20	–	13	–
c) Ich verstehe sowieso nichts von diesen Dingen	4	–	10	7	–	13	–
d) Es kommt am Ende doch nicht viel dabei heraus	4	6	–	13	–	13	–
Würden Sie weiterhin Kurse besuchen, wenn es interessanter wäre?							
Ja	15	6	30	–	33	50	21
Nein	33	47	10	40	11	38	38
Wenn sich dadurch Ihr Einkommen verbessern würde?							
Ja	26	29	20	20	44	13	36
Nein	11	18	–	20	–	13	13

	Insgesamt	Männer	Frauen	Arbeiter	Facharbeiter	Ja	Nein
	in Prozenten						
Wenn Sie es während der Arbeitszeit tun könnten?							
Ja	26	29	20	20	33	38	29
Nein	15	24	–	27	–	–	–
12. Sollten die Kurse von den Gewerkschaften abgehalten werden?							
Ja	48	41	7	27	88	50	50
Nein	44	7	7	13	11	–	7
Wenn nein, weshalb?							
a) Weil die Gewerkschaften sich zu sehr einmischen	7	6	10	13	–	–	–
b) Weil die Gewerkschaften unsere Probleme nicht kennen	–	–	–	–	–	–	–
c) Weil der Betrieb es besser selber machen könnte	4	6	–	–	22	–	14
d) Weil neutrale Seminarleiter mir lieber wären	26	18	40	27	22	38	29
Wenn ja, weshalb?							
a) Weil die Gewerkschaften den Gesamtüberblick haben	26	35	10	33	33	38	29
b) Weil dies für unseren Betrieb billiger wäre	15	18	10	33	–	25	14
c) Weil Selbstverwaltung nur funktionieren kann, wenn alle Belegschaftsmitglieder ein gewerkschaftliches Bewußtsein haben	19	24	10	20	11	25	14
d) Weil die Gewerkschaften in der Arbeiterbildung erfahren sind	26	29	20	13	33	25	29
13. Würden Sie heute noch einmal eine Selbstverwaltung befürworten?							
Ja	63	70	50	73	77	88	50
Nein	7	12	–	13	–	12	50

	1. Insgesamt	2. Männer	2. Frauen	3. Arbeiter	3. Facharbeiter	4. Ja	4. Nein
	in Prozenten						
14. Wird Ihr Betrieb die Anfangsschwierigkeiten überwinden?							
Ja	66	76	50	66	66	63	64
Nein	4	6	–	–	11	13	–
Wenn nein, warum nicht?							
a) Weil es Kollegen gibt, die nicht genügend mitziehen	7	6	10	–	22	13	–
b) Weil er schon zu weit heruntergekommen war	7	12	–	–	22	13	–
c) Weil es ohne einen Unternehmer doch nicht geht	4	6	–	–	–	–	–
d) Weil uns die Konkurrenz erdrücken wird	4	6	–	–	–	–	–
e) andere Gründe							
Wenn ja, warum?							
a) Weil der Betrieb im Kern gesund ist	37	47	20	40	44	50	36
b) Weil wir die Sache nun selber in der Hand haben	22	29	10	33	22	–	36
c) Weil wir als Arbeiter und Angestellte beweisen werden, daß wir auch selbst ein Unternehmen führen können	11	47	30	47	55	38	43
15. Betriebsrat							
Der Betriebsrat vertritt normalerweise die Belegschaft gegenüber dem Unternehmer. Da nun in Ihrem Betrieb die Belegschaft selbst der Unternehmer ist, welche Bedeutung hat dann noch der Betriebsrat?							
a) Er muß nach wie vor meine persönlichen Interessen gegenüber der Betriebsleitung vertreten	37	35	40	33	55	50	43
b) Er muß die Gesellschafter auf unsere Probleme hinweisen	30	41	10	33	33	25	43

	1.	2.		3.		4.	
	Insgesamt	Männer	Frauen	Arbeiter	Facharbeiter	Ja	Nein
	in Prozenten						
c) Er muß mich über alles Wichtige informieren	26	35	10	33	22	38	29
d) Er ist eigentlich überflüssig geworden	7	12	–	–	22	13	7
e) Er vertritt nun die Interessen des Betriebes	11	18	–	7	22	–	21
f) Er steht nun auf der Seite der Betriebsleitung	7	12	–	–	22	–	21
g) Er vermittelt zwischen Arbeitern und Vorgesetzten	33	24	50	13	44	–	57
h) Er organisiert die Weiterbildung	4	6	–	–	11	–	7
Können Sie sich vorstellen, daß Sie Ihren eigenen Betrieb bestreiken?							
Ja	22	18	30	13	33	50	14
Nein	52	47	60	53	44	38	50
16. Unabhängig von Ihrem Betrieb: Es gibt Leute, die sagen, die Gewerkschaften hätten zuviel Macht. Wie stehen Sie dazu?							
a) Sie hat zuviel Macht	11	6	20	–	11	13	7
b) Sie ist selbst ein großer Unternehmer	33	28	40	40	11	13	50
c) Sie vertritt nicht wirklich unsere Interessen	7	12	–	–	22	–	21
d) Sie hat noch lange nicht genügend Macht	19	24	10	20	22	25	21
e) Gegen die Unternehmer sind die Gewerkschaften machtlos	7	12	–	7	11	13	7
f) Erst dann, wenn die Mitbestimmung durchgesetzt ist, werden die Gewerkschaften die Macht der Unternehmer kontrollieren können	37	41	30	27	66	50	43
g) Die Mitbestimmung wird nichts ändern	–	–	–	–	–	–	–
h) Ich bin gegen die Mitbestimmung	–	–	–	–	–	–	–

	1.	2.		3.		4.	
	Insgesamt	Männer	Frauen	Arbeiter	Facharbeiter	Ja	Nein
	in Prozenten						
i) Ich bin für Arbeiterselbstverwaltung	22	24	20	20	33	13	29
j) Sie macht zuviel Politik	7	1	10	–	11	–	14
17. Betriebsklima							
Das Betriebsklima hat sich gebessert, seit der Betrieb in unserer Hand ist							
Ja	44	53	30	60	22	38	43
Nein	11	6	20	–	11	13	14
etwas	26	35	10	7	66	25	36
Das Verhältnis zwischen den Arbeitskollegen ist enger geworden							
Ja	26	29	20	27	33	–	29
Nein	15	6	30	13	22	38	21
etwas	15	24	–	13	22	38	7
Das Verhältnis zu den Meistern und Abteilungsleitern hat sich gebessert							
Ja	30	29	30	27	44	25	29
Nein	7	6	10	7	–	13	–
etwas	22	35	–	13	44	38	–
Die Beziehung zwischen Betriebsleitung und Belegschaft ist kollegialer als früher							
Ja	44	47	40	47	33	50	50
Nein	4	6	–	–	–	–	–
etwas	15	12	–	7	33	13	21
Die Arbeitsbedingungen sind günstiger als unter Richard und Anton Süßmuth							
Ja	26	29	20	33	11	38	29
Nein	4	–	10	7	11	–	7
etwas	30	29	30	7	55	25	29
18. Arbeitsplatz und Lohn							
Vor zwei Jahren war Ihr Arbeitsplatz durch den beinahe eingetretenen Konkurs bedroht. Ist Ihr Arbeitsplatz heute sicherer?							
Ja	48	65	20	67	44	50	50
Nein	11	6	20	–	22	12	14
weiß nicht	22	6	50	33	22	38	21

	1.	2.		3.		4.	
	Insgesamt	Männer	Frauen	Arbeiter	Facharbeiter	Ja	Nein
	in Prozenten						
Sind nach der Übernahme an Ihrem Arbeitsplatz Veränderungen (Modernisierungen) vorgenommen worden?							
Ja	48	47	50	53	44	63	50
Nein	26	35	10	13	44	25	29
Wenn ja, hatten die Veränderungen Vorteile für Sie zur Folge?							
Ja	30	41	10	47	11	50	21
Nein	19	6	40	7	11	13	21
Haben Sie schon einmal Verbesserungsvorschläge gemacht?							
Ja	30	18	50	13	11	38	–
Nein	50	59	50	40	66	38	50
Wenn nein, warum nicht?							
a) Mein Arbeitsplatz läßt sich nicht verbessern	4	–	10	13	11	25	7
b) Meine Vorschläge wären für den Betrieb zu teuer	7	–	20	–	11	–	14
c) Werden doch nicht ernst genommen	15	–	40	33	22	13	43
d) Ich bekomme doch nichts dafür	–	–	–	13	22	–	21
Könnte man an Ihrem Arbeitsplatz etwas verbessern?							
Ja	48	53	40	27	55	38	50
Nein	11	6	20	7	11	12	14
weiß nicht	26	29	20	33	11	50	7
Finden Sie Ihre Arbeit sehr schwer?							
Ja	11	12	10	7	33	25	21
Nein	41	41	40	53	22	38	29
teils/teils	30	24	40	13	44	13	36
Könnte sie durch technische Hilfsmittel erleichtert werden?							
Ja	7	12	–	7	33	12	21
Nein	52	41	70	40	55	50	57
weiß nicht	22	24	20	33	11	38	14

	Insgesamt	Männer	Frauen	Arbeiter	Facharbeiter	Ja	Nein
	in Prozenten						
Würden Sie einen leichteren Arbeitsplatz vorziehen?							
a) Ja, wenn ich dasselbe verdienen würde	26	35	10	33	22	13	36
b) Ja, auch wenn ich weniger verdienen würde	4	6	—	—	11	13	—
c) Nein	48	29	80	40	44	63	50
Wenn Sie einmal an Ihre tägliche Belastung denken: Glauben Sie, daß Sie mit dieser Belastung ohne größere Schwierigkeiten bis zum Rentenalter fertig werden können?							
a) Ja	26	12	50	33	22	38	14
b) teils/teils	26	29	20	20	33	12	50
c) Nein	30	35	20	27	33	25	36
d) weiß nicht	11	12	10	13	11	25	—
Klappt die Zusammenarbeit mit den Kollegen? Oder haben Sie da noch zusätzliche Schwierigkeiten?							
Sie klappt:							
a) sehr gut	4	—	10	13	33	—	36
b) gut	77	71	90	60	55	75	50
c) leidlich	11	18	—	13	12	25	7
d) schlecht	—	—	—	—	—	—	—
Werden Sie im allgemeinen von Ihren Vorgesetzten richtig behandelt?							
a) Ja	41	41	40	40	55	63	29
b) teils/teils	37	41	30	47	22	37	50
c) Nein	7	—	20	—	11	—	14
d) weiß nicht	4	6	—	7	—	—	—
Glauben Sie, daß Ihr Meister mit allen Schwierigkeiten vertraut ist, die bei Ihrer Arbeit auftreten?							
a) Ja	37	35	40	60	22	50	29
b) teils/teils	22	24	20	20	33	38	21
c) Nein	11	6	20	—	33	—	21
d) weiß nicht	4	6	—	7	—	12	—
Werden Sie Ihrer Leistung entsprechend bezahlt?							
a) Ja	19	24	10	27	11	12	29
b) Nein	37	29	50	27	33	25	50
c) nicht ganz	26	29	20	20	33	38	21

	1.	2.		3.		4.	
	Insgesamt	Männer	Frauen	Arbeiter	Facharbeiter	Ja	Nein
	in Prozenten						
d) weiß nicht	7	6	10	20	–	25	–
Glauben Sie, daß Ihnen der Betrieb mehr bezahlen könnte als bisher, ohne daß deswegen die Zukunft des Betriebes gefährdet wird?							
a) Ja	33	35	30	20	55	25	43
b) teils/teils	15	18	10	20	–	13	21
c) Nein	11	12	10	7	22	25	7
d) weiß nicht	19	12	30	27	27	25	14
Wären Sie bereit, einen Teil Ihrer Ersparnisse im Betrieb anzulegen, wenn Sie dafür finanzielle Vorteile hätten?							
a) Ja	26	24	30	20	22	13	43
b) Nein	59	59	60	67	55	88	50
Der Betrieb gehört jetzt der Belegschaft. Ein Privatunternehmer steckt einen Teil seines Gewinns wieder in den Betrieb. Er tut dies, um sein produktives Kapital, das ist die Fabrik, die ihm Geld bringt, zu vergrößern. Würden Sie – wenn die Glashütte wieder Gewinne abwirft – lieber alles ausgezahlt bekommen?							
a) Ja, denn wenn ich einmal kündige, kann ich meinen Anteil nicht mitnehmen	22	18	30	27	44	25	36
b) Nein, ich möchte lieber Anteilscheine, die ich – wenn ich gehe – ausbezahlt bekomme	44	47	40	40	33	50	57
c) Nein, ich möchte lieber daß mit dem Geld etwas für alle Arbeiter und Angestellten eingerichtet wird (Betriebskindergarten oder andere Sozialeinrichtungen)	4	6	–	7	–	–	7

	Insgesamt	Männer	Frauen	Arbeiter	Facharbeiter	Ja	Nein
	in Prozenten						
d) Nein, ich möchte, daß ein großer Teil zur Modernisierung des Betriebes benutzt wird und den Rest ausbezahlt haben	7	6	10	–	22	13	–
19. Wenn der Betrieb wieder Gewinne abwirft, dann haben Sie persönlich Ihren Anteil dazu beigetragen. Wenn dann neue Leute eingestellt werden müssen, sollen sie dieselben Rechte genießen, wie die heutigen Mitarbeiter?							
a) Nein, wir müssen für unsere Aufbauleistung eine angemessene Entschädigung erhalten	26	29	20	27	11	25	14
b) Ja, denn wenn wir da mit Unterschieden anfangen, ist unser Betrieb so unsozial wie jeder andere Privatbetrieb. Nur daß dann diejenigen, die von Anfang an im Verein waren, an die Stelle des Unternehmers getreten sind, die aber später kommen, von der Mitbestimmung ausgeschlossen werden.	70	65	80	60	77	75	86
20. Wenn Sie eine Beschwerde haben, an wen wenden Sie sich?							
a) An den Vertrauensmann	11	6	20	20	–	13	14
b) An den Betriebsrat	22	24	20	27	22	–	36
c) An den Meister oder Abteilungsleiter	41	47	30	40	44	63	29
d) An den Betriebsleiter	37	41	30	40	44	–	50
e) An den Geschäftsführer	11	12	10	13	11	–	21
f) An einen Gesellschafter	15	6	30	13	–	–	4
g) An wen sonst?	–	–	–	–	–	–	–

... das heißt, wir sind Feinde des Privateigentums», sagte Pawel Wlassow in seiner Verteidigungsrede vor Gericht, in einem berühmten Roman des Mannes, von dem hier die Rede sein wird.

Der Mann wurde in einer Stadt geboren, die noch zu seinen Lebzeiten ihm zu Ehren umbenannt wurde. Sein Vater, ein Polsterer, starb, als der Junge fünf war. Die Mutter heiratete wieder, und der kleine Alexej M. Peschkow wuchs bei seinem Großvater auf, einem Färber, dem es nicht gerade gut ging. Schon als Neunjähriger mußte der Junge für seinen Lebensunterhalt arbeiten, und er zog nun fünfzehn Jahre kreuz und quer durchs Land, dauernd auf der Suche nach Arbeit. In seiner Freizeit verschlang er die Bücher, deren er habhaft werden konnte, und eignete sich selbst die nötige Bildung an. Früh schon begann er, selber zu schreiben. In Tiflis schließlich, wo er in den Werkstätten der Eisenbahn arbeitete, gelang es ihm, eine Kurzgeschichte im Lokalblatt unterzubringen, unter dem Pseudonym, unter dem er später weltberühmt wurde. Er sattelte um auf Journalist, schrieb weiter Prosa, und nach einiger Zeit nahm eine führende Zeitschrift seines Landes eine Kurzgeschichte des 27jährigen an. Der Erfolg war beispiellos. Die Kritiker stellten den jungen Autor an die Seite Tolstois. Der Ruhm drang über die Grenzen; bald wurde er in aller Welt gefeiert. Ein Drama des 35jährigen lief allein in Berlin fast zwei Jahre über die Bühne. Reisen führten ihn nun nach Frankreich, England, Italien und in die USA.

Später, im Alter von 52, mußte er seine Heimat erneut verlassen, aus gesundheitlichen Gründen. Über Deutschland und die Schweiz reiste er nach Italien, wo er in Sorrent lebte. Sieben Jahre später kehrte er in die Heimat zurück, enthusiastisch gefeiert, öffentlich geehrt, und lebte noch acht Jahre, ehe er an den Folgen eines Mordanschlags starb. Von wem war die Rede?

(Alphabetische Lösung: 7–15–18–11–9)

III

Gero B. Friedel
Rechtliche und rechtspolitische Aspekte des Modells

1. Der rechtspolitische Gesamtrahmen

Auch die Gesellschaft der Zukunft wird durch das Unternehmen als Institution zur wirtschaftlichen Erbringung aller Arten von Leistungen und durch den Staat als Institution staatlicher Gewalt geprägt sein. Die Unternehmensformen werden sich dabei aber wandeln, ebenso wie die Formen hoheitlicher Machtausübung sich verändern werden. Gerade die Unternehmensverfassung ist heute ein offenes System. Wir stehen vor neuen Horizonten. Begriffe wie Partnerschaft, Mitbestimmung und Selbstbestimmung beherrschen das Bild, ohne daß sich daraus aber klare gesellschaftspolitische Zielvorstellungen herausgeprägt hätten. Das Unternehmen herkömmlicher Prägung bricht zunehmend aus dem Regelkreis des „Privaten" aus. Es wird „öffentlich", ohne jedoch im „staatlichen" Bereich aufzugehen. Der Staat besitzt nicht mehr das Monopol des Öffentlichen. Der private Unternehmer trifft eine Vielzahl von Entscheidungen, die den Arbeiter ungleich intensiver betreffen, als manches staatliche Gesetz. Es gibt somit einen neuen Bereich, der weder staatlich noch öffentlich ist. Innerhalb dieses öffentlichen Sektors muß auch der Modellfall Süßmuth gesehen werden.

Der Nachweis öffentlicher Gestalt und Mächtigkeit von Unternehmen ist bei den Großkonzernen längst erbracht worden.[1] Die Wege zur Bildung von Mammutkonzernen mit Ausübung öffentlicher Macht in den Vereinigten Staaten sind vielfach beschrieben worden. Auf A. Baran/Paul M. Sweezy[2] kann verwiesen werden. In Europa begann die Politik spät mit der Errichtung der Europäischen Gemeinschaften auf die immer enger werdende Verflechtung der Unternehmen und damit „supranational" werdenden Konzerne zu antworten. Auch in den Ländern des Ostblocks, vornehmlich den RGW-Mitgliedstaaten (Comecon) wurden gemeinsame Unternehmen und Assoziationen auf Betriebsebene geschaffen,[3] wobei mit Recht nicht nur Rationalisierungs- und Optimierungsgründe, sondern auch Gründe der Ausübung öffentlicher Macht eine Rolle spielten. Als dann in Europa der Markt als wirtschaftliches Organisationsinstrument zunehmend partiell versagte, wuchsen die Interventionsmaßnahmen, die später in den Aktionsrahmen der Globalsteuerung übergingen. Mit dieser Steuerung der komplexen sozioökonomischen Systeme wurde aber durch die Anwendung technisierter Planungsverfahren[4] und -instrumente eine vom Kapital technokratisch beherrschte Struktur verfestigt. Die Möglichkeit einer demokratisch-emanzipatorischen Politik wurde zumindest in der EWG nicht genutzt bzw. frühzeitig vom multinational verflochtenen Kapital verhindert. Das „Staatliche“ löste sich auf und der Staat wurde in eine Treuhänder-Funktion für die Großen der Wirtschaft hineingedrängt.[5] Mittelbetriebe von der Gestalt Süßmuths gingen leer aus. Mit dieser Entwicklung ging rechtlich die Auflösung des Dualismus von Staat und Gesellschaft (privatem und öffentlichem Recht) einher. (Seit Ehmke 1961[6].) In den Nebelfeldern dieser Auflösung zeichnen sich heute Schatten einer neuen Gewaltenteilung ab, deren drei Säulen Kapital, Lohnabhängige und Massenmedien sind.

In diesen rechtspolitischen Gesamtrahmen ist auch – so unterschiedlich die Größenordnungen sein mögen – die Glashütte Süßmuth in der Kleinstadt Immenhausen hineingestellt. Der „private Unternehmer“ Richard Süßmuth wechselte aufs Altenteil, der Staat gab Garantien, die Belegschaft verwaltet sich selbst. Es geht daher im folgenden Beitrag darum, die derzeitige Eigenbestimmung des Produktionsprozesses durch die Beschäftigten der Glashütte Süßmuth entsprechend dem Grundsatz der Selbstorganisation darzustellen. Es geht darum, einen Beitrag zur Entzauberung dieses Teils des Gesellschafts- und Arbeitsrechtes zu leisten (Wiethölter)[7], um dadurch das Organisationsschema der Selbstverwaltung deutlich hervortreten zu lassen.

2. Die bisher bekannten Formen der Teilhabe am wirtschaftlichen Unternehmen

Für die Unternehmensverfassung der mittleren Betriebe à la Süßmuth war bisher keinerlei Kraft verschwendet worden. Die gemachten Vorschläge hatten sich in Deutschland weitgehend auf die sogenannten Mammutunternehmen beschränkt. Die entsprechenden Vorschläge Ballerstedts[8] ähnelten denen von Kunze/von Nell-Breuning[9], die an die Stelle der bisherigen Hauptversammlung der Aktiengesellschaften ein oberstes Organ vorsahen, das 75 Stimmen umfassen sollte. Davon sollten je 30 den Kapitaleignern und den Arbeitnehmern zustehen, und zwar von letzteren 15 den Gewerkschaften und je 15 den Unternehmensangehörigen. Die übrigen 15 Stimmen waren für „Vertreter der Allgemeinheit“ gedacht, „davon je 6 den Anteilseignern und den Arbeitnehmern Nahestehende“. Die restlichen 3 sollten optimal unabhängig sein und so den elften Männern in der Montanindustrie gleichen. In einem Kontrollorgan, ähnlich dem Aufsichtsrat, waren 7 Anteilseigner und Arbeitnehmervertreter und 5 Vertreter der Allgemeinheit vorgesehen. Für die mittleren und Großunternehmen sahen Kunze/von Nell-Breuning ebenso wie der von der SPD-Fraktion im Dezember 1968 eingebrachte „Entwurf eines Gesetzes über die Unternehmensverfassung in Großunternehmen und Konzernen“[10] lediglich die qualifizierte Mitbestimmung vor.

Die anderen in Europa gemachten Ansätze berührten erst gar nicht die fünf wesentlichen Elemente (Gründung, Typenwahl, Satzung, allgemeine Willensbildung, Auflösung) der Teilhabe an den unternehmerischen Entscheidungen, sondern wollten den Arbeitnehmer, der in Wirklichkeit nicht Arbeit nimmt, sondern gibt, durch finanzielle Teilhabe und Eigentumsstreuung abfinden. Das sind z. B. die Modelle des Investivlohnes, des Lohnsparens und der Arbeitnehmeraktien. Längst ist jedoch erkannt, daß keiner der Vermögensbildungspläne es vermag, die Profite umzuverteilen.[11] Den Kapitaleignern die Verfügung über Preise und Investitionen zu nehmen, ist der einzige Weg zur Änderung der Einkommens- und Vermögensverteilung. Unter den gewerkschaftlichen Strategien zielt daher die Mitbestimmung in die richtige, die Vermögenspolitik in die falsche Richtung.[12] Wenn sich deshalb neuerdings die Bundesvereinigung der deutschen Arbeitgeberverbände zur „Vermögenspolitik" bekennt, so doch nur mit dem Ziel der Absicherung der gegenwärtigen Eigentumsverhältnisse.[13]

Am Modell der französischen „participation", das eine Art Lohnsparen ist, kann modellhaft aufgezeigt werden, welche Irrwege diese Arten von Vermögensbeteiligungen vollführen. Die „Novelle Vallon" (Art. 33 des Finanzgesetzes vom 12. 7.1965) hatte in Frankreich der Regierung auferlegt, einen Gesetzentwurf vorzulegen, der die Beteiligung der Arbeitnehmer nicht am Gewinn oder am Kapital, sondern am Zuwachs des Gesellschaftsvermögens vorsehen mußte. Mit der Verordnung Nr. 693 vom 17. 8.1967 wurde dieser Pflicht nachgekommen und die Beteiligung für alle Unternehmen, die über 100 Beschäftigte haben, zwingend eingeführt. Nach erfolgreichen Pressionen der Arbeitgeber wurde die Beteiligung am Ertrag aber so eingerichtet, daß sie ausschließlich von Steuervergünstigungen (Ermäßigung der Körperschafts- bzw. Einkommenssteuer) für das Unternehmen abgedeckt wird.[14] Der Steuerzahler lügt sich mit diesem System selbst etwas in die Tasche. Die Ausschüttungen stammen zu 100 % aus Steuermitteln, die der öffentlichen Hand entzogen wurden. Das Modell der participation stellt volkswirtschaftlich eine Umverteilung öffentlicher Einnahmen in private Hände dar, deren Quantität sich an der Ertragssteigerung der Unternehmen ausrichtet. Es gibt bessere ausländische Beispiele als solche Roßtäuschermethoden.

In Jugoslawien z. B. ist das Unternehmen innerhalb des Staates eine Arbeitsorganisation, die von den Werktätigen unmittelbar geleitet wird. Nach § 6 der Verfassung der SFRJ (Sozialistische Föderation der Republik Jugoslawien), der die Selbstverwaltung grundrechtsartig gewährleistet,[15] ist jedes Wirtschaftsunternehmen autonomes Subjekt der Wirtschaftstätigkeit. Es ist aber in seiner Form der Selbstverwaltung nicht zu verwechseln mit einem „Staatlichen Unternehmen" aus der Epoche der administrativen Wirtschaftslenkung. Das staatliche Planungssystem ist nicht imperativ, eine Konkurrenz auf der Waren-Kredit-Ebene wird unter Wahrung des Eigentums der Gesellschaft an den Produktionsmitteln gewährleistet.[16] In das Unternehmen darf nur zur Wahrung der Gesetz- und Verfassungsmäßigkeit eingegriffen werden, wozu auch die Selbstverwaltungsorganisation des Unternehmens selbst zählt. Die Unternehmensselbstverwaltung umfaßt folgende Gebiete: Arbeitsorganisation, Produktion, Absatz, Einstellung und Entlassung, Arbeitsbedingungen, Unternehmensverschmelzungen.

Marxistische Autoren versuchten noch in jüngster Zeit in Westeuropa einen Angriff auf den Kapitalismus durch die Verdammung betriebsegoistischer Verhaltensweisen und durch die stärkere Bindung an überbetriebliche Organisationen. Immer mehr setzt sich jedoch eine Strategie zur Erweiterung der Position der Arbeiterklasse durch, die die Politik der kapitalistisch genutzten Reformen unterlaufen will, indem sie eine antiintegrationistische Politik der Selbstverwaltung fordert.[17] Vilmar[18] in Deutschland und Anker-Ording[19] in Norwegen haben die ersten wegweisenden Schritte unternommen. Mit dem provokativen Satz: „Ohne Selbstbestimmung am Arbeitsplatz ist die gesamte Mitbestimmungskonzeption ein Koloß auf tönernen Füßen" wurde von Vilmar die Diskussion eingeleitet. Noch formuliert Vilmar vorsichtig und undurchsichtig: „Mitbestimmung am Arbeitsplatz ist das Recht der zusammenarbeitenden Kollektive (Funktionsgruppen), im Betrieb alle Gestaltungsprobleme der Arbeitsorganisation in ihrem Betrieb *mit der Tendenz* ihrer Selbstbestimmung mitzuentscheiden." Der norwegische Sozialist Anker-Ording sieht dagegen schon, daß die Basis aller Demokratie die Betriebsdemokratie ist. Es ist allein die menschliche Arbeitskraft, die – auf die Natur um uns herum angewendet – fortdauernd Werte schafft. Ohne die Produkte der Arbeitskraft haben die anderen Anwendungsbereiche der Demokratie keine Realität. „Ohne Arbeit kein Kapital. Ohne Kapital aber Arbeit." Folgerichtig hat er das Modell einer vollen Betriebsdemokratie aufgebaut, das in den Vorschlägen des norwegischen Aspengren-Komitees Eingang gefunden hat.

Diejenigen, die die Macht ausüben, müssen von denen gewählt werden, die sie regieren, sie müssen von den Regierten kontrolliert werden, und sie dürfen nur auf Zeit bestellt werden. Das ist das demokratische Legitimationsprinzip auch des objektiven deutschen Rechts (Art. 20 Abs. 2 Satz 1 GG). Der Arbeiter will Bürger sein, nicht nur wenn der Staat ihn zu politischen Wahlen ruft, sondern auch dort, wo der Schwerpunkt seines Lebens liegt, an der Arbeitsstelle. Das ist das subjektive Recht des individuellen Bürgers an gleichberechtigter Teilhabe am demokratischen Willensbildungsprozeß (Art. 20 Abs. 2 Satz 2, 38 GG). Es ist bisher nicht zureichend begründet worden, warum diese Kriterien innerhalb des Bereiches wirtschaftlicher Machtausübung *keine* Anwendung finden sollten. Das individuelle Recht des einzelnen Bürgers auf gleichberechtigte Teilhabe am Prozeß wirtschaftlicher Machtausübung (Rousseau) ist alt und findet heute seine entsprechende Ausprägung in der grundgesetzlichen Sicherung von Freiheit und Menschenwürde (Art. 2 Abs. 1 und Art. 1 Abs. 1 GG).[20] Selbst die liberal-bürgerliche Habilitationsschrift von Schwerdtfeger aus dem Jahre 1972[21] konnte im Grundgesetz kein Verfassungsverbot gegen das Selbstbestimmungsrecht des Arbeitnehmers finden. Die Verfassung schreibe dem Gesetzgeber über Art. 1 Abs. 1 und Art. 2

Abs. 1 GG vielmehr vor, auch in der Wirtschaft in seine Wertungen den Gedanken der Selbstbestimmung des Menschen einzubeziehen. Es steht nach Auffassung von Schwerdtfeger aber im Ermessen des Gesetzgebers, ob er anderen kollidierenden Interessen wie z. B. den der Aktionäre an ihrem Eigentum, den Vorzug gebe.

Das bereits praktizierte Modell der Hauni-Werke & Co. KG in Hamburg beschränkt sich im wesentlichen auf ein System der personellen Kooperation. Im Verfahren einer Stufenselektion werden von den jeweils unmittelbaren Untergebenen die zukünftigen Vorgesetzten ausgesucht. Von dieser Stufenselektion sind jedoch die Geschäftsführung und die nicht mit Personalführungsaufgaben betrauten Beschäftigten des Unternehmens ausgeschlossen. Außerdem kann die Geschäftsleitung jederzeit die demokratische Entscheidung der betroffenen Gruppe der Belegschaft rückgängig machen.

Der Nachfolger des derzeitigen Firmeninhabers Kurt A. Körber soll von einer 17köpfigen Wahlkörperschaft ernannt werden, in der neben sieben Managementvertretern lediglich zwei echte Belegschaftsvertreter (Betriebsratsvorsitzender und Gewerkschaftsdelegierter) sitzen.

20 % der Differenz aus Gesamtergebnis, neutralem Ergebnis und Kapitalverzinsung werden auf die Belegschaft im Wege einer jährlichen Lebensversicherungsprämie von 250,– DM für alle Mitarbeiter und einer nach Löhnen und Gehältern gestaffelten Barausschüttung verteilt.

Nach dem Tode des Firmeninhabers wird eine Stiftung Vermögensträgerin sein und eine GmbH, bei der die Stiftung im Beirat mitwirkt, die Hauni-Werke KG übernehmen. Mitbestimmung und Verteilungspolitik ist somit in diesem Modell isoliert. Diese Art der Erfolgsbeteiligung stellt sich somit dar als eine Art Prämie für kollektive Belegschaftsleistung, nicht jedoch als echte Kapitalbeteiligung. So wird das „monetäre Erlebnis“ des CSU-nahen Betriebswirtschafts-Professors E. Gaugler in den Vordergrund gestellt, nicht aber die Mit- und Selbstbestimmung der Arbeiter. Aus Mitbestimmung wurde halbherzig gewährtes Mitprofitieren.

Das von Carl Backhaus konzipierte Ahrensburger Modell geht davon aus, daß Arbeitnehmer, die dem Betrieb mindestens 5 Jahre angehören und mindestens 25 Jahre alt sind, stille Gesellschafter der oHG werden können, in dessen Rechtsform die Firma Joh. F. Behrens geführt wird. Der stille Gesellschafter erhält eine Gewinnbeteiligung, die sich aus der Differenz des Reingewinns und des Unternehmerlohnes plus Kapitalverzinsung und Risikoprämie für die persönlich haftenden Gesellschafter errechnet. Die Beteiligung ist abhängig vom Jahresgrundlohn und von der Kapitalverzinsung. Erst bei Erreichung der Sollhöhe der Kapitaleinlage des stillen Gesellschafters, die das Dreifache eines Jahresgehalts beträgt, kann die Kapitaleinlage ausgezahlt werden. Vorher werden nur 40% der jährlichen Ausschüttung ausgezahlt. Auf Grund der ausgezeichneten Gewinnsituation gehört den stillen Gesellschaftern bereits 90 % des Betriebskapitals.

Über die Gesellschafterversammlung und einen Beirat, in dem die Belegschaft mehrheitlich vertreten ist, haben die stillen Gesellschafter einen entscheidenden Einfluß auf die Geschäftsführung. Ein außerbetrieblicher Schlichtungsausschuß ist die Pointe des Ahrensburger-Modells.[21a] Die Solidarität der Ahrensburger kann man auf Grund ihrer ausgezeichneten Wirtschaftslage nicht verallgemeinern. Leider ist in Ahrensburg zu befürchten, daß psychologisch eine Solidarität kleinkapitalistischen Charakters entsteht.

Inwieweit die in der BRD bekanntgewordenen anderen Modelle[22] reale Mitbestimmungs- und Selbstverwaltungskonzeptionen oder nur Partnerschaftsideologien enthalten, kann hier nicht näher untersucht werden. Auf jeden Fall ist Süßmuth – neben vielleicht BEKU – derzeit das einzige Unternehmen, das die volle Selbstbestimmung und eine hundertprozentige Eigentümerstellung der Beschäftigten verwirklicht.

3. Die Organisation der Selbstverwaltung bei Süßmuth

Die Belegschaft der Glashütte Süßmuth hat eine besondere Form (vgl. Schaubild auf S. 73) gewählt, um die angestrebte Selbstverwaltung zu verwirklichen: Die Gründung eines Vereins und einer GmbH, die ineinander verzahnt sind. Der Verein der Beschäftigten der Glashütte Süßmuth wählt einen 10köpfigen Vereinsvorstand, der personenidentisch ist mit der Gesellschafterversammlung der Glashütte Süßmuth, Gesellschaft mit beschränkter Haftung[23]. Warum haben die Beschäftigten nicht eine GmbH *ohne* Verein oder eine Genossenschaft vorgezogen? Die Frage kann relativ leicht beantwortet werden. Die GmbH-Formen hätten der Beschäftigtenfluktuation in keiner Weise Rechnung tragen können. Alle Beschäftigten hätten Gesellschafter der GmbH werden müssen. Diese Gesellschafter hätten 10 Vertreter in den Aufsichtsrat wählen müssen. Die Gesellschafter einer GmbH müssen im Handelsregister eingetragen sein. Eine Handelsregistereintragung bei jeder Neueinstellung im Betrieb hätte jedoch die Selbstverwaltung ad absurdum geführt.

„Das Gesetz betreffend die Erwerbs- und Wirtschaftsgenossenschaften" aus dem Jahre 1889, gemeinhin Genossenschaftsgesetz genannt, konnte ebenfalls keinen Handlungsrahmen dafür abgeben, was die Glasmacher vorhatten.[24] Die Haftung der Genossen kann nach § 23 Abs. 3 Genossenschaftsgesetz nicht ausgeschlossen werden. Sollten die Beschäftigten aber für die Schulden, die der Eigentümer Richard Süßmuth ihnen hinterlassen hatte, haften, nur um ihre Arbeitsplätze halten zu können? Zusätzlich wäre die Genossenschaft steuerlich stärker belastet gewesen als die gewählte GmbH-Form mit dem Vereinsanhang.

Diese Überlegung macht zweierlei deutlich. Konkret, wie schwer es der Belegschaft gemacht wurde, eine ihr gemäße Gesellschaftsform zu

Der Entscheidungsablauf der Selbstverwaltung bei Süßmuth

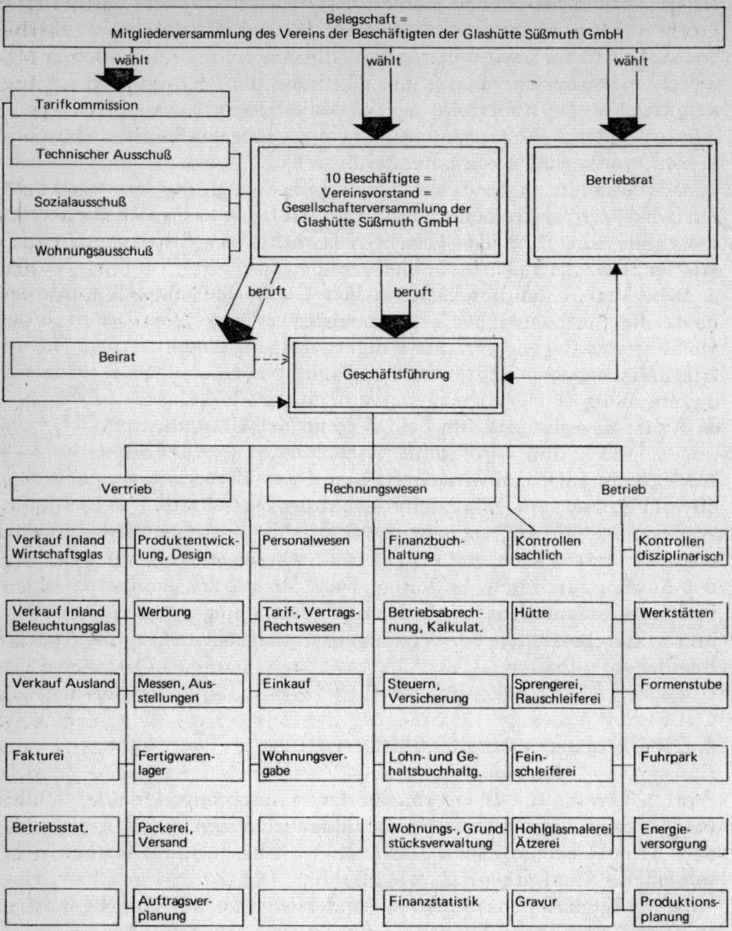

finden. Abstrakt, wie schlecht es mit der viel gerühmten Vertragsautonomie bestellt ist. Wieder einmal läßt sich nachweisen, wie sehr die derzeitige Vertragstheorie gleichzeitig Herrschaftsfunktionen ausübt. Sie sagt, daß dort, wo Verträge geschlossen werden, der Vertrag den gerechten Ausgleich schaffe und gleichsam die Richtigkeitsgewähr in sich trage.[25] Dort aber, wo wie im Falle Süßmuth, eine freie (gesellschafts-)vertragliche Vereinbarung zum Zwecke der Selbstbestimmung gesucht wird, wird ein enumerativ begrenzter Formenkatalog aus dem 19. Jahrhundert angeboten und eine freie Gestaltung verweigert. Damit wird Vertragsfreiheit und Unfreiheit so verteilt, daß die Rechtsprechung mit Hilfe des Gesellschaftsrechts zur Erhaltung unlegitimierter Herrschaft über Arbeitnehmer beiträgt.

Dem Verein der Beschäftigten der Glashütte Süßmuth wurde bis heute die Eintragung ins Vereinsregister verweigert, weil er nach der Meinung des Registergerichts Hofgeismar „auf einen wirtschaftlichen Geschäftsbetrieb gerichtet ist" und damit nach § 21 BGB nicht eintragungsfähig ist. Der Arbeitgeberverband der Glasindustrie in München darf sich dagegen in Form des „Vereins der Glasindustrie e. V." eintragen lassen. Ihm wird somit bescheinigt, daß er im Sinne des § 21 BGB „nicht auf einen wirtschaftlichen Geschäftsbetrieb gerichtet ist", obwohl er sogar die gebündelte Macht der wirtschaftlichen Geschäftsbetriebe der ihm angeschlossenen Glasindustrie ausüben kann, wie die von ihm verschickten und an anderer Stelle des Beitrages[26] gewürdigten Boykottrundbriefe beweisen. Dem Verein der Beschäftigten der Glashütte Süßmuth dagegen, der der Vermittlung des Arbeiterwillens und später zusätzlich der Vermögensverwaltung dient, wird die Eintragung vorenthalten.[27]

4. Der Übergang in Arbeiterselbstverwaltung

Zunächst waren die Überlegungen davon ausgegangen, ein tatsächlich vorhandenes Kapital mit der schuldenbeladenen Glashütte in eine neue GmbH einzubringen. Das nach § 5 Abs. 1 GmbH-Gesetz vorgeschriebene Mindestkapital von 20 000,– DM sollte von allen Belegschaftsmitgliedern zusammen in Sonderschichten aufgebracht werden. Das hätte aber schon bei der Gründung die schwierigen Fragen der gerechten Verteilung des Kapitals auf die lohnmäßig verschieden eingestuften Beschäftigten (ungelernte Arbeiter, gelernte Arbeiter, Glasmacher, Verwaltungsangestellte, Geschäftsführer) aufgeworfen. Durch eine Umwandlung der bestehenden KG in eine GmbH konnte aber im Wege einer Umbilanzierung ohne Bareinlage die angestrebte Selbstbestimmung der Beschäftigten erreicht werden. Die Gewinnverteilungsfragen konnte man somit bis zu Erreichung der Gewinnschwelle aufschieben.

Die Übergabe der Hütte verlief nicht ohne langes Hin und Her und einige dramatische Akzente. Nachdem der vom Konkurs bedrohte

Fabrikant am 9. 7. 1969 dem Plan „Genossenschaftshütte“ und damit der Übertragung des Eigentums der Hütte auf die Belegschaft bereits grundsätzlich zugestimmt hatte, stellte er in einer Verhandlung am 2. März Bedingungen, die für die Gegenseite unannehmbar waren. Der Übernahme aller für die Firma eingegangenen Verbindlichkeiten stellte er gegenüber die Forderung nach einer monatlichen Rente in Höhe von 3000,– DM (gekoppelt an die gesetzliche Rentenanpassung) und eine Abfindung in Höhe von 330 000,– DM für den Zeitpunkt, in dem die Hütte wieder mit Gewinn arbeitet. Seine Ablehnung des Gegenangebots mit einer Rente von 2000,– DM (auf die man sich am 16. März schließlich doch einigte) veranlaßte seine eigenen Anwälte, ihr Mandat niederzulegen, nicht ohne der Gegenseite ausdrücklich eine faire Verhandlungsführung zu bescheinigen. Süßmuth hatte seine Forderungen zu einem Zeitpunkt gestellt, als der Arbeitgeberverband der Glasindustrie, der Verein der Glasindustrie e. V., in einem zunächst geheimgehaltenen Gespräch mit Süßmuth, diesen bedrängt hatte, seine Glashütte *nicht* in Arbeitnehmerhand zu überführen und ihm sogar für diesen Fall eine Rente aus Arbeitgeberkasse versprochen hatte. Nach dem Bekanntwerden dieser Vorgänge forderte die Belegschaft „den Hessischen Landtag auf, die Ausführungsgesetze zum Art. 39 der Hessischen Verfassung zu verabschieden“[28]. Damit spitzte sich der Konflikt weiter zu. Art. 39 der Hessischen Verfassung lautet: „Jeder Mißbrauch der wirtschaftlichen Freiheit – insbesondere zu monopolistischer Machtzusammenballung und zu politischer Macht – ist untersagt.

Vermögen, das die Gefahr solchen Mißbrauchs wirtschaftlicher Macht in sich birgt, ist auf Grund gesetzlicher Bestimmungen in Gemeineigentum zu überführen. Soweit die Überführung in Gemeineigentum wirtschaftlich nicht zweckmäßig ist, muß dieses Vermögen auf Grund gesetzlicher Bestimmungen unter Staatsaufsicht gestellt oder durch vom Staat bestellte Organe verwaltet werden.

Ob diese Voraussetzungen vorliegen, entscheidet das Gesetz.

Die Entschädigung für das in Gemeineigentum überführte Vermögen wird durch das Gesetz nach sozialen Gesichtspunkten geregelt. Bei festgestelltem Mißbrauch wirtschaftlicher Macht ist in der Regel die Entschädigung zu versagen.“

Mißbrauch wirtschaftlicher Freiheit ist ohne Zweifel ein Konkurs (Vernichtung von Arbeitsplätzen), der vom Unternehmer gewählt wird, obwohl durch Eigentumsübergabe auf Grund eines konkreten Sanierungsplanes die Arbeitsplätze erhalten werden können.

Dem damaligen Hessischen Wirtschaftsminister und jetzigen Oberbürgermeister der Stadt Frankfurt, Rudi Arndt, wird nachgesagt[29], daß er ein Freund des Immenhausener Modells gewesen sei. Es heißt sogar, daß er lieber bei den Farbwerken Hoechst das Modell der Glashütte Süßmuth auf seine Brauchbarkeit geprüft hätte. Doch nicht in Höchst, sondern in Immenhausen hat er die Chance genutzt. Das Land Hessen gewährte einen verlorenen Landeszuschuß in Höhe von 225 000,– DM; in Höhe der restlichen 1,25 Mill. DM gewährte die

Landesregierung eine quotale Bürgschaft in Höhe von 50 %, die Hausbank (Hessische Landesbank) in Höhe von 20 % und die Bank für Gemeinwirtschaft in Höhe von 30 %, wobei der Bank für die Hälfte dieser Summe eine Rückbürgschaft von dem Ahrensburger Unternehmer Backhaus gewährt wurde. Damit konnte der erste Betrieb in Arbeitnehmerhand starten.

Der Abschnitt über den Übergang der KG in die GmbH in Arbeiterselbstverwaltung kann nicht abgeschlossen werden, ohne daß die Verhaltensweisen des Arbeitgeberverbandes (Verein der Glasindustrie e. V.) innerhalb dieser Konfliktzeit betrachtet werden. Ein rechtlich bemerkenswerter Aspekt war dabei der Boykottrundbrief des Verbandes. Die dringende Bitte des Verbandes an die Konkurrenten der Branche „Hohlglaserzeugung", keine Arbeitskräfte der Glashütte Süßmuth einzustellen,[30] weil der Unternehmer Süßmuth inzwischen durch die Nichtübergabe das Modell der Selbstverwaltung zu verhindern beabsichtigte, stellte eindeutig eine unzulässige Boykottmaßnahme des kollektiven Arbeitsrechtes und eine Verletzung des Grundgesetzes auf freie Berufswahl dar. Art. 12 Abs. 1 des GG lautet: „Alle Deutschen haben das Recht, Beruf, Arbeitsplatz und Ausbildungsstätte frei zu wählen. Die Berufsausübung kann durch Gesetz oder auf Grund eines Gesetzes geregelt werden." Trotz dieses eindeutigen rechtlichen Tatbestandes, erklärte Dr. Keylwerth, der Verfasser des Arbeitgeberrundschreibens: „Wir sind ein Arbeitgeberverband und Interessenverband der Industrie. Was wir für Rundschreiben verschicken oder was wir nicht verschicken, geht außer unseren Mitgliedern *niemanden* etwas an."[31] Die Industriegewerkschaft Chemie, die zunächst eine Klage gegen den Arbeitgeberverband in dieser Sache beabsichtigt hatte, ließ später nur deswegen von ihrem Vorhaben ab[32], weil ein Rechtsschutzbedürfnis für eine Klage erst dann bestanden hätte, wenn konkret die Anstellung eines Süßmuth-Beschäftigten in einer Konkurrentenhütte auf Grund des Boykottrundschreibens zweifelhaft geworden wäre.

5. Wie stellten sich die Gewerkschaften zur Arbeiterselbstverwaltung?

Der „Tagesanzeiger", Zürich,[33] hatte dem für die Glashütte Süßmuth zuständigen Bezirkssekretär der IG-Chemie-Papier-Keramik, Franz Fabian, eine den Kern der Problematik von Gewerkschaften und Arbeiterselbstverwaltung treffende Frage gestellt: „Verliert die Gewerkschaft durch das Süßmuth-Glashütte-Modell nicht ihre Existenzberechtigung? " Fabian hatte mutig geantwortet: „Die Gewerkschaft ist und darf nicht Selbstzweck sein. Erste Aufgabe und Ziel der Gewerkschaften ist es, die Ausbeutung des Menschen durch den Menschen zu beseitigen. Davon ist immer auszugehen, und deshalb müssen wir bereit sein, auch in solchen Fällen zu unseren wichtigsten Aufgaben zu stehen.

Unsere Existenzberechtigung besteht auch in diesem Betrieb weiter. Es wird eine große Tarifkommission gebildet, die ihre Forderungen aufstellt. Die Geschäftsführung spielt den Arbeitgeber und Bremser. Es wird eine harte Auseinandersetzung werden, aber sie wird objektiver sein als normalerweise bei Tarifverhandlungen. Wenn wir Gewerkschafter leichtgläubige Menschen wären, müßten wir bei jeder Tarifverhandlung den Hut in die Hand nehmen, auf die Straße gehen und für die notleidenden Unternehmer sammeln. Die Unobjektivität, die Verhandlungen zwischen Gewerkschaften und Arbeitgebern kennzeichnet, wird bei Süßmuth entfallen."

Den Ausführungen des Gewerkschaftlers kann nur zugestimmt werden. Die Aufgaben der Gewerkschaft wandeln sich total, ihre Existenzberechtigung aber bleibt. Nur wer Gewerkschaftsarbeit reduzieren wollte auf die Auseinandersetzung bei den Tarifverhandlungen, konnte annehmen, daß nun die Gewerkschaft arbeitslos würde.

So waren es auch nur Teile der Gewerkschaftsbürokratie, die gelegentlich sich den Ideen der Arbeiterselbstverwaltung widersetzten. Fritz Vilmar und Hans Matthöfer von der IG-Metall haben schon früh die neuen Aspekte der Gewerkschaftsarbeit bei der Arbeiterselbstverwaltung erkannt: Unterstützung der neuen Machtbalance zwischen Arbeiter und repräsentativem betrieblichen Entscheidungsträger durch *Ausbildung*, um so zu einer stärkeren Rationalität bei der Entscheidungsfindung durch den Arbeiter beizutragen. Auch könnte für Informationshilfen aller Art die Gewerkschaft den Unternehmen in Arbeiterselbstverwaltung stärker zur Seite stehen. Der Unternehmer Süßmuth ist nämlich nach Übergang der Glashütte in Arbeitnehmerhand aus dem Verein der Glasindustrie ausgeschieden. Dies wurde ihm von seiten des Vereins nahegelegt, sobald der Unternehmer der Arbeiterselbstverwaltung zugestimmt hatte. Dem Verein jetzt nicht mehr anzugehören ist konsequent, denn die Beschäftigten verwalten in Selbstbestimmung die Hütte, damit ist der Dualismus von Arbeitgeber und Arbeitnehmer aufgelöst worden. Wäre der Unternehmer nicht freiwillig ausgeschieden, wäre überdies zu erwarten gewesen, daß die Glasindustrie die Arbeitnehmer-Arbeitgeber ausgeschlossen hätte, um zu vermeiden, daß auf diesem Wege organisierte Arbeitnehmer im Arbeitgeberverband Sitz und Stimme hätten und über einmalige Informationen im Arbeitskampf verfügen würden.[34] Das Ausscheiden der Glashütte Süßmuth aus dem Arbeitgeberverband hat andererseits für die Hütte wesentliche Nachteile mit sich gebracht. Wer nicht im Verband organisiert ist, hat keine Gesamtinformationen über die Branche, z. B. über die in- und ausländische Absatzentwicklung, über Messen und über die neuesten Marketingmethoden der Branche. Informationen dieser Art müssen von der Glashütte bei außerbetrieblichen Stellen teuer gekauft werden, will sie nicht auf sie verzichten. Hinzu kommt, daß der Verein der Glasindustrie e. V. nicht nur Arbeitgeberverband, sondern gleichzeitig auch Wirtschaftsverband ist. Die Gewerkschaften könnten hier der Hütte wesentliche Hilfestellungen bieten.

Der bürokratische Flügel der Gewerkschaften beargwöhnt somit zu Unrecht das Vorpreschen der Arbeiterselbstverwaltung beim „Modell Süßmuth“, denn die Hütte stellt keinerlei Gefahr für die gewerkschaftlichen Konzepte auf gesamtwirtschaftlicher Ebene dar, gleichgültig welchen Wert man letzteren beimißt. Selbstverwaltung ist die notwendige Grundlage der gesamtwirtschaftlichen Gewerkschaftsaktionen.

Nur muß es echte Arbeiterselbstverwaltung sein. Alle Tarnungsmanöver der Partnerschaftsideologie haben in der Tat einen „antigewerkschaftlichen Effekt“ (Kuda) und müssen bekämpft werden. Um Verbrämungen dieser Art handelt es sich jedoch beim „Modell Süßmuth“ glücklicherweise nicht, sondern die Machtverhältnisse haben sich tatsächlich geändert. Der DGB-Mitbestimmungsexperte Hensche hat zwar noch kürzlich gesagt,[35] er kenne kein Modell, das nicht nur eine Neuauflage von Sozialklimbim und feudalistischer Bevormundung ist, sondern die Situation der Lohnabhängigen ändere. Nach dem Studium des Modells Süßmuth wird er nun seine Meinung wohl differenzieren müssen.

6. Das Treuhänder-Verhältnis

Die für 3 Jahre gewählten Vorstandsmitglieder des Vereins sind identisch mit den 10 Gesellschaftern der Glashütte Süßmuth GmbH. Sie bestellen die Geschäftsführer und halten treuhänderisch das Kapital, das durch die Umwandlung der KG in eine GmbH bereitgestellt wurde und den Beschäftigten gehört. In einer normalen GmbH wären die Gesellschafter Eigentümer des Stammkapitals. Bei der Süßmuth GmbH sind sie lediglich treuhänderischer Halter der Gesellschaftsanteile für alle Beschäftigten. Die Gesellschafter unterschreiben vor Übernahme ihrer Gesellschafterstellung eine persönliche Verzichtserklärung, um die treuhänderisch von ihnen verwalteten Gesellschafterteile gegen eventuelle persönliche Forderungen Dritter oder Erbberechtigter abzuschirmen. Sobald ein Gesellschafter zurücktritt, geht sein Anteil automatisch an den Nachfolger über.

Die Gesellschafter sind somit in ihrer Gesamtheit an dem Gesellschaftsvermögen als einem Inbegriff von Sachen und Rechten gemeinschaftlich berechtigt. Die Gesamtberechtigung aller ist ungeteilt. Keiner hat ein selbständiges, vom Recht der anderen unabhängiges Teilrecht an der ganzen Gesellschaft. Damit ist leider die Eigentumsfrage nur theoretisch geklärt worden. Praktisch ergeben sich eine Reihe von Zweifelsfragen. Wird zum Beispiel derzeit einem Belegschaftsmitglied gekündigt, so scheidet er automatisch aus dem Verein der Beschäftigten aus und wird damit automatisch seiner Eigentümerstellung beraubt. Das gleiche gilt für diejenigen Arbeiter, die aus Altersgründen aus dem Betrieb ausscheiden. Sie haben durch erhebliche Mehrleistungen in den letzten zwei Jahren den Betrieb wieder „flottgemacht", reale Nutznießer des Eigentums am Betrieb wurden sie jedoch nicht. Diejenigen Arbeiter, die aber in den nächsten Jahren neu in den Betrieb eintreten, werden den Nutzen an der Aufbauarbeit der Ausgeschiedenen haben, wenn der Betrieb die Gewinnschwelle überschreitet und es zu einer wie auch immer gearteten Verteilung des Gewinns kommt. Im Betrieb wird daher derzeit eine Barabfindung bei Ausscheiden von Belegschaftsmitgliedern diskutiert, wobei man sich allerdings über die Bemessungsgrundlage einer solchen Abfindung noch im unklaren ist.

7. Die Frage der Entscheidungsbefugnis

Die Geschäftsführung hat die gleichen Aufgaben wie in einem „normalen" Betrieb: Die Ausführung der Gesellschafterbeschlüsse. In dringenden Fällen kann sie Geschäfte bis zum Umfange von 20 000,– DM eigenmächtig entscheiden, d. h. Entscheidungen, die Schnelligkeit, Sachverstand und Geheimhaltung verlangen, wurden nicht an die Basis verlegt. Ist ein Arbeiter mit einer Entscheidung nicht einverstanden, hat er drei Möglichkeiten: Er kann seine Argumente über Vertrauensleute und Betriebsrat der Geschäftsführung mitteilen, er kann sich an einen Gesellschafter wenden, der das Problem in der Gesellschafterversammlung zur Sprache bringt, oder er kann drittens den Geschäftsführer selbst zur Diskussion stellen und seine Argumente geltend machen. Jeden dritten Monat findet eine Vollversammlung der Belegschaft (= Mitgliederversammlung des Vereins der Beschäftigten nach § 6 Abs. 2 der Vereinssatzung) statt. Ein Viertel der Belegschaft kann jederzeit eine außerordentliche Mitgliederversammlung erzwingen (§ 6 Abs. 3 der Vereinssatzung). In dieser Mitgliederversammlung kann der Vorstand (= Gesellschafter der GmbH) beauftragt werden, den Geschäftsführer abzuberufen. Die Geschäftsführer werden auf die Dauer von 5 Jahren bestellt (§ 6 des Gesellschaftsvertrages).

8. Funktion und Stellung des Beirates

Die Gesellschaft hat einen Beirat, der sich aus 10 Mitgliedern zusammensetzt. Obwohl aus dem Gesellschaftsvertrag nicht besonders ersichtlich, hat er trotzdem eine Sonderstellung. Im Prinzip hat dieser Beirat zwar nichts zu bestimmen, er soll lediglich beraten. Dabei hilft ihm, daß er ein unbeschränktes Auskunftsrecht gegenüber der Gesellschafterversammlung und den Geschäftsführern besitzt. Das Prinzip wird jedoch durch § 9 Abs. 3 des Gesellschaftsvertrages durchbrochen: „Dem Beirat können im Einzelfall durch die Gesellschafterversammlung besondere Aufgaben übertragen werden." Diese Vorschrift enthält die Möglichkeit der Selbstentmachtung der Gesellschafterversammlung und könnte damit einmal zum Einfallstor betriebsfremder Einflüsse umfunktioniert werden. Insofern kann diese Vertragsgestaltung nicht beispielgebend sein für künftige andere Betriebsüberführungen in Arbeitnehmerhand. Auch die Publizierung der Mitglieder des Beirates sollte nicht wie bisher durch Art. 9 Abs. 4 des Gesellschaftsvertrages verhindert werden, der lautet: „Auf den Beirat sollen die Bestimmungen des Aktiengesetzes über den Aufsichtsrat nicht angewandt werden. Die Namen der Mitglieder des Beirates werden weder im Bundesanzeiger noch anderen Publikationsorganen bekanntgemacht, noch beim Handelsregister eingereicht."

Andererseits sollten an die Erfüllung dieser Forderungen nach Publizität nicht allzu große Hoffnungen geknüpft werden. Der Zwang zur Offenlegung im wirtschaftsrechtlichen Bereich ist noch kein Indiz für die soziale Richtigkeit der Entscheidungen. Das Gesetz über die Rechnungslegung von bestimmten Unternehmen und Konzernen vom 15. 8. 1969[36] hat in dieser Beziehung ungerechtfertigt falsche Hoffnungen geweckt. Für die Glashütte Süßmuth gilt auf jeden Fall, daß der Beirat kein „Geheimbund" ist, wie zuweilen behauptet wurde. Mitglieder des Beirates sind drei Gesellschafter, also gewählte Belegschaftsvertreter, drei Funktionäre der IG-Chemie und ein Vertreter der Hessischen Landesentwicklungs- und Treuhandgesellschaft für das Land Hessen, ein Vertreter der Hessischen Landesbank (Hausbank) sowie der Ahrensburger Unternehmer Carl Backhaus und Hermann Lingnau als ehemaliger Geschäftsführer der Hessischen Landesentwicklungs- und Treuhandgesellschaft. Mit dieser Offenlegung erledigen sich sämtliche Mutmaßungen über den Einfluß von Banken oder Gewerkschaften auf die Glashütte. Selbst wenn man die oben beschriebene mögliche Selbstentmachtung der Gesellschafterversammlung zum Ausgang nimmt, d. h. wenn die Gesellschafterversammlung Direktionsrechte auf den an sich konsultativ vorgesehenen Beirat überträgt, kann sich über den Beirat kein Kapitaleinfluß auswirken, weil im Höchstfalle drei Kapitalvertreter im Beirat Sitz und Stimme haben können. Auch die Annahme eines mißbräuchlichen Gewerkschaftseinflusses auf die Glashütte ist absurd. Wieder unter Voraussetzung einer Machtverschiebung von Gesellschafterversammlung auf Beirat und nur unter der zusätzlichen Annahme, daß alle drei in den Beirat gewählten Gesellschafter gleichzeitig organisierte Arbeitnehmer wären, könnte sich eine ausschließlich gewerkschaftlich ausgerichtete Arbeitermehrheit bilden. Aber auch in diesem Extremfall ist ausgeschlossen, daß die organisierte Vertretung *gegen* den Betrieb handelt und entscheidet, da der Gesellschafterversammlung ein Recht auf jederzeitige Abberufung der Beiratsmitglieder zusteht. § 9 Abs. 2 des Gesellschaftsvertrages lautet: „Die Mitglieder des Beirates werden von der Gesellschafterversammlung berufen und abberufen, die Gesellschafterversammlung bestimmt ihre Amtsdauer." Die Gesellschafter haben bisher in keiner Weise ihr Direktionsrecht aus der Hand gegeben. In der „Gründerzeit" der Glashütte in Arbeitnehmerhand war der beratende Einfluß des Beirates jedoch sehr stark. Die Gesellschafter haben aber wiederholt einstimmig erklärt, daß das auf die im Beirat vertretenen starken Persönlichkeiten (Vertreter des Landes Hessen, Vertreter der zuständigen Gewerkschaft) zurückzuführen war und in allen Interventionsfällen im Sinne der Hütte und *nicht gegen sie* erfolgt ist.

9. Die Arbeiterräte

Nachdem die Glashütte zeitweilig einen sogenannten Betriebsausschuß gewählt hatte, der die Aufgaben nach dem alten Betriebsverfassungsgesetz wahrgenommen hatte, kehrte man wieder zur ursprünglichen Namensgebung „Betriebsrat" zurück. Gerade nach Erlaß des neuen Betriebsverfassungsgesetzes[37] zum Jahresbeginn 1972 sind die Aufgaben dieses Rates *auch* im selbstverwalteten Betrieb im Rahmen einer Machthemmung und Balance zur Geschäftsführung gewachsen, wobei die Aufgaben der Gewerkschaften größer geworden und vor allem ganz neuartige Aufgaben hinzugekommen sind.[38] Der Betriebsrat ist notwendiges Gremium der Interessenabklärung besonderer arbeitsrechtlicher, vor allem individueller Fragen, mit denen die Gesellschafterversammlung überfordert wäre. Es ist vielleicht gut so, daß das Betriebsverfassungsgesetz für Betriebe in Arbeitnehmerhand noch keine dieser Unternehmensform angepaßten Regeln kennt. So ist es bei Süßmuth der Belegschaft überlassen, ob der Betriebsrat praktisch ein Unterausschuß der Gesellschafterversammlung ist, indem sie vornehmlich Gesellschafter zu Betriebsratsmitgliedern wählt, oder ob im Betriebsrat weitgehend Nicht-Gesellschafter vertreten sind. Die „richtige Mischung" wird sicher von Praktikabilitätsgesichtspunkten bestimmt werden. Der Vorsitzende nimmt jeweils an den Sitzungen des anderen Gremiums teil. Eines kann man sicher für die langfristige Entwicklung sagen: Je mehr die Novellierungen des Betriebsverfassungsgesetzes betriebliche Planungen als Aufgabe des Betriebsrates anerkennen, desto schneller werden Gesellschafterversammlung und Betriebsrat zusammengelegt werden müssen.

Mit dieser Aufgabenstellung des Betriebsrates identifiziert sich durchaus auch die Belegschaft der Glashütte. Es wird als normal empfunden, daß trotz Wegfalls des Dualismus Arbeitgeber – Arbeitnehmer Organisationsformen bestehen, die – auf Gleichordnungsebene statt bisher im Rahmen einer Unterordnung – Konflikte lösen.

Für die Räte, die im Betrieb neben dem Betriebsrat existieren, gilt das gleiche. Der „Tagesanzeiger", Zürich,[39] glaubte bei Süßmuth festzustellen, daß die Hierarchie kapitalistischer Unternehmensführung intakt geblieben sei. „Durch rätemodellähnliche Verwirklichungen der innerbetrieblichen Demokratie könnte für die Zukunft der Basisbezug gewährleistet werden." Diese Kritik geht jedoch an der realen Arbeitsweise der Glashütte vorbei. Die Arbeiterselbstverwaltung ist voll durchgeführt und muß nur durch weitere Bildungsmaßnahmen verstärkt werden. Institutionell ist durch eine Vermehrung der bestehenden Räte – neben dem Betriebsrat die Tarifkommission (direktgewählt – 10 Mitglieder), der technische Ausschuß, der Sozialausschuß und der Wohnungsausschuß – keine intensivere Demokratisierung und Selbstbestimmung erreichbar. Eher wäre das Gegenteil der Fall, nämlich eine Überdrüssigkeit der Arbeiter, die sich in einer Weigerung auswirken würde, an den in der Freizeit liegenden Sitzungen der Räte teilzunehmen. Bei einer Zahl von 260 Beschäftigten liegen sechs Ausschüsse an der obersten Grenze der Praktikabilität.

10. Fragen der späteren Gewinnverteilung

Wie schon ausgeführt, stehen für die nächsten Jahre als Form der Gewinnverteilung die betrieblichen Sozialinvestitionen im Mittelpunkt des Interesses der Glashütte. Die Pläne zur Errichtung einer Kantine, die Verbesserung der Aufenthaltsräume für die Arbeiter und die Erstellung eines Betriebskindergartens wurden schon an anderer Stelle dieses Bandes erwähnt. Die genannten Investitionen sind aber nicht nur notwendige Ansätze für begrüßenswerte Sozialeinrichtungen, sondern es verbirgt sich dahinter auch ein bedeutsamer steuerrechtlicher Sachverhalt. Ungerechtfertigter Nutznießer jeder gewinnabwerfenden Kapitalbeteiligung von Arbeitnehmern ist nämlich immer das Finanzamt. Der Arbeiter-Unternehmer wird mit einem Besteuerungsmodus der einschlägigen Gesetze konfrontiert, die ihn einer unverhältnismäßig hohen Doppelbesteuerung aussetzen, die für den Großkapitalisten erträglich, für den Kleinkapitalisten aber in Verbindung mit seinem Lohneinkommen unerträglich ist. Auch hier zeigen sich wieder mit erschreckender Deutlichkeit die unserem Rechtssystem immanenten Bremswirkungen gegenüber jedem Schritt, den Grundgesetzauftrag des Sozialstaates auszuführen. Es ist daher logisch, daß die Selbstverwaltungsgremien der Glashütte für die nächsten Jahre im Rahmen ihrer betrieblichen Finanzlage den Weg der indirekten Begünstigung der Arbeiter über die Sozialinvestitionen gewählt haben. Auf diese Weise können erwirtschaftete Gewinne voll umverteilt werden, ohne daß dem kapitalistischen Umland der Glashütte über das – auf Selbstverwaltungsbetriebe nicht zugeschnittene – Steuersystem ein nicht einsehbarer Tribut gezahlt werden muß. Es ist ausgerechnet worden,[40] daß ein Arbeitnehmer/Kapitaleigner auf den ausgeschütteten Gewinn eine effektive Körperschaftssteuer von 22 % zahlen müßte, würde er seinen Anteil am Unternehmen in eine Kapitalgesellschaft (z. B. Mitarbeiter-GmbH als Holding) einbringen. Zusätzlich zahlt er die individuelle Einkommenssteuer. Das führt zu Gesamtbelastungen des Gewinnanteils bis über 50 %. Bei Personengesellschaften – wie der oHG oder der KG und Vereine als Arbeitnehmerzusammenschlüsse – sieht es nicht besser aus. Die Arbeiter zahlen dann Einkommenssteuer (mit Lohnsteuereinschluß) und Gewerbesteuer.

Das deutsche Steuerrecht steht der Arbeiterselbstverwaltung noch völlig unangepaßt gegenüber. Körperschaftssteuer, Einkommenssteuer und Gewerbesteuer – mögen sie bisher ihre Funktionen erfüllt haben – sind bei Gewinnausschüttungen von Betrieben in Arbeiterhand partiell unbrauchbar, da sie Arbeiterselbstbestimmung doppelt besteuern oder mit Steuerstrafen bedrohen.

Lediglich die Rolle des Arbeiters als stiller Gesellschafter, wie es das Ahrensburger Modell kennt, führt in etwa zu einer gerechten Steuerbelastung des Arbeiters. Hier führt aber die relativ geringe Gewinnausschüttung pro Gesellschafter, im Gegensatz zu den Höchststeuersätzen bei Mehrheitseigentümern, zu einer beachtlichen Steigerung der Eigenfinanzierungsquote. Das ist *dann* arbeiterfeindlich („Kapitalmarkt im eigenen Hause", nannte es ein Unternehmer), wenn der Betrieb noch nicht mehrheitlich im Eigentum der Beschäftigten sich befindet. In diesem Fall wird nämlich dem Unternehmer via Steuerrecht zu einer unverhofften Eigenfinanzierung bei pressewohlgefälliger Partnerschaftspropaganda verholfen. An diesen aufgezeigten Aspekten des Steuerrechts zeigt sich, wie richtig sich der von der Süßmuth-Belegschaft eingeschlagene Weg der *vollständigen* Übernahme in Arbeiterhand erweist.

11. Süßmuth nur als gesellschaftsrechtliche Form für Konkursbetriebe?

Die Mediatisierung der betrieblichen Entscheidung erfolgt in einem Großbetrieb oder einem Konzern notwendigerweise anders als in einem Mittelbetrieb. Die demokratische Rückbindung der Entscheidung muß in einem Großbetrieb über mehrere Zwischenglieder laufen. Die Unverfälschtheit der Willensweitergabe darf darunter aber nicht leiden.

Die plebiszitäre Grundstruktur der Arbeiterselbstverwaltung bei Süßmuth kollidiert mit den großindustriellen Organisationsprinzipien[41] der Unternehmen, die mehr als 1000 Beschäftigte haben. In Großkonzernen kann keine demokratisch organisierte Willensbildung herbeigeführt werden, weil dort schon weitgehend organisierte Wissensbildung (Computerentscheidungen) und außerbetriebliche Entscheidungshilfe herrschen. Dort müssen andere Selbstverwaltungsmodelle entwickelt werden. Ob diese den bisher bekannten „gemeinwirtschaftlichen" Unternehmen ähneln werden, ist noch völlig offen.[42] Sie werden auf jeden Fall ansetzen müssen an stärkerer außerbetrieblicher gewerkschaftlicher Hilfestellung für die Arbeitnehmer. Die durch die Größenordnung bedingte stärkere Mediatisierung der Arbeiterwillensbildung muß aufgefangen werden durch ein entscheidendes Zugriffsrecht der Arbeiterorgane auf die *Information*. Die langfristige Zielplanung muß – bevor sie in den automatisierten Vollstreckungsprozeß der heutigen Großindustrie geht – die Zielsetzungen des Arbeiters aufnehmen.

Diese Aussagen vermindern jedoch in keiner Weise den Wert des Modells Süßmuth. Sicher ist, daß die Selbstverwaltungsmodelle das gesellschaftspolitische Vorstellungsvermögen der politischen Institutionen anregen werden. Das gilt vor allem für den Gesetzgeber, der immer seltener bereit ist, überlieferte Machtverhältnisse von sich aus zu modifizieren, andererseits aber noch fähig ist, gesellschaftspolitische Tendenzen nachhinkend in Gesetzesform zu gießen. Das hier dargestellte Selbstverwaltungsmodell ist kein Endzustand. Vollkommene Systeme sind auch inhuman, da sie vollkommene Menschen voraussetzen.

Kuda[43] schreibt mit Recht: „So gesehen können atypische Mitbestimmungsmodelle (Selbstverwaltungsmodelle) jene gesellschaftspolitische Transformation unterstützen, deren Konzept politische Teilerfolge nicht als Indiz für die Liberalität des herrschenden Systems mißversteht, sondern als Zwischenschritte zum nächsten alsbald artikulierten Teilziel begreift.“ Im Rahmen dieser „Millimeteroffensive“ steht auch das Modell Süßmuth.

IV

Hermann Lingnau
Betriebswirtschaftliche Probleme und Perspektiven

1. Die betriebswirtschaftliche Ausgangssituation

Die Glashütte Süßmuth und ihre Eigentümer (Arbeitnehmer) gleichen einem Rennfahrer auf der Tour de France. Bei harter Konkurrenz hat das Rennen begonnen. Unser Radrennfahrer hatte sich vor kurzem von seinem „Stall" gelöst und fährt diesmal das erste Mal auf eigene Rechnung. Einige schwierige Etappen konnten bereits gemeistert werden. Die großen Pässe müssen jedoch noch überwunden werden. Unser Rennfahrer ist kerngesund und begeisterungsfähig, sein Rennrad nicht mehr das neueste, bei Beginn der großen Fahrt ziemlich wackelig und reparaturanfällig. Wichtige Teile konnten bereits ersetzt werden. Weitere Ersatzteile müssen noch eingebaut werden. Diese Reparaturen wiederum hängen jedoch von Prämien ab, die in den kommenden Zwischenspurts noch gewonnen werden müssen. Ob unser Rennfahrer das Ende der langen Fahrt erreichen, welchen Platz er eventuell einnehmen und welchen Gewinn er aus dieser Fahrt erzielen wird, hängt von vielen Faktoren ab. Die Gunst des Publikums am Rande der Straße wird eine große Rolle spielen. Ich will versuchen, diesen Vergleich in die Sprache der Betriebswirtschaft zu übersetzen.

Zur Ausgangssituation bei Übernahme der Gesellschaft durch die Arbeitnehmer:

Die Glashütte Süßmuth hatte sich unter ihrem Inhaber Richard Süßmuth, der mehr Künstler als Manager war, bis 1960 am Markt behaupten können. Bereits in dieser Zeit, in der beachtliche Gewinne erzielt wurden, war es versäumt worden, die Veränderungen des Marktgeschehens zu beobachten und zu analysieren und das Produktionsprogramm diesen Gegebenheiten anzupassen. Aber nicht nur bei dem Produktionsprogramm, d. h., bei den vielfältigen Modellen und Formen, sondern auch bei der technischen Ausstattung des Betriebes war eine Anpassung und sinnvolle Erneuerung unterblieben. Gerade diese mittel- und langfristige Investitionsplanung wäre notwendig gewesen, um den katastrophalen technischen Zustand der Hütte, der sich bei der Übernahme offenbarte, zu verhindern. Diese mittelfristige Investitionsplanung hätte außerdem frühzeitig durch eine entsprechende Absatz- und Finanzplanung abgesichert werden müssen. Diese betriebswirtschaftlichen Notwendigkeiten, die heute mehr als früher für einen mittelständischen Betrieb lebensnotwendig sind, unterblieben Jahr für Jahr. Das Festhalten an alten Formen und einem zu breit gefächerten Programm bewirkten bald einen stagnierenden Umsatz, der, wenn man die Preissteigerungen nach 1960 berücksichtigt, sogar vom verkäuflichen Ausstoß her gesehen rückläufig war. Der unterbliebene

Fortschritt und die fehlende Anpassungsfähigkeit führten nach 1960 schnell zu ständigen Verlusten. Das Image der Glashütte sank insbesondere bei den Hausbanken sehr schnell. Die laufenden jährlichen Verluste, die zum Teil die Abschreibungen überstiegen, bewirkten eine sich ständig verschlechternde Liquidität und Eigenkapitalausstattung. Dieser Umstand und die immer unmoderner werdende Ausstattung des Betriebes machten einschneidende Investitionen immer notwendiger. Trotz einer hervorragenden jungen Glasbläsermannschaft war es Ende der sechziger Jahre auf Grund der nicht mehr steuerbaren Ofentemperaturen und der schwankenden Temperaturen in den Kühlbändern und der Fehlorganisation in der Weiterverarbeitung nicht mehr möglich, mit wirtschaftlich vertretbaren Bruch- und Ausschußquoten zu produzieren. Entscheidende Investitionen wie Erneuerung der Öfen und der Kühlbänder waren lebensnotwendig für die Gesellschaft geworden, da die Verluste das Eigenkapital der Gesellschaft aufzuzehren begannen und eine drohende Illiquidität sichtbar wurde. Die nicht mehr marktgängigen Produkte mußten zunehmend auf Lager genommen werden. Die Bewertung des Lagers und damit die Höhe der Verluste wurden ein zusätzliches Problem. Die Phase des Zerfalls der Hütte, der seit 1960 langsam, aber stetig einsetzte, zwang den Unternehmer Richard Süßmuth, sich nach Finanzierungsquellen für Neuinvestitionen umzusehen. Herr Süßmuth wählte für die Verhandlungen mit der öffentlichen Hand einen Zeitpunkt, an dem die Banken auf Grund der Ertragslage der vergangenen Jahre und der fehlenden Unternehmensplanung nicht mehr bereit waren, eine langfristige Finanzierung sicherzustellen. Wie in vielen Fällen glaubte der Unternehmer Richard Süßmuth in Gestalt von billigen Steuergeldern eine einfache Refinanzierungsquelle erhalten zu können. In den Verhandlungen auf Gewährung von Bürgschaften für langfristige Investitionskredite und verlorene Zuschüsse im Rahmen des „Zonenrandprogramms" wurde Herrn Süßmuth jedoch klargemacht, daß Steuergelder in einer modernen Leistungsgesellschaft für Sanierungen nur dann eingesetzt werden, wenn der private Unternehmer eine Konzeption vorlegen kann, die überzeugend darlegt, daß die Arbeitsplätze dauerhaft abgesichert werden. Diese Konzeption muß durch eine Gesamtplanung unterlegt werden. Zu dieser Gesamtplanung gehören eine entsprechende Abschätzung des Marktes, eine realistische Investitions- und Finanzplanung, die erkennen lassen, daß mit einiger Sicherheit damit zu rechnen ist, daß nach einer gewissen Anlaufsfrist auch wieder mit Gewinn gearbeitet werden kann.

Nachdem die Verhandlungen mit Herrn Süßmuth und seinem Management eindeutig gezeigt hatten, daß eine entsprechende Gesamtkonzeption nicht entwickelt werden konnte, wurde Herrn Süßmuth empfohlen, einen Unternehmensberater hinzuzuziehen. Dieser Unternehmensberater sollte die Lebenschancen des Unternehmens analysieren und Vorschläge für die Gesundung des Unternehmens entwickeln. Nachdem dieses Gutachten erstellt worden war und deutlich wurde, daß der Unternehmer Richard Süßmuth nicht mehr in der Lage war, mit den anstehenden Problemen allein fertig zu werden, wurde von den Experten der Hessischen Landesregierung empfohlen, in eine Mehrheitsbeteiligung oder sogar in einen Verkauf einzuwilligen, damit 5 Minuten vor 12 noch eine Erhaltung der Arbeitsplätze im strukturschwachen Standortgebiet Immenhausen bei Kassel ermöglicht würde. Es kam zu der eingangs erwähnten Anzeige vom 23. 5. 1969 und zu einer Aktion des Hessischen Wirtschaftsministeriums, in der fast alle namhaften Unternehmer, die ein Interesse an der Mundblasfertigung haben mußten, angesprochen wurden, um eine Mehrheitsbeteiligung oder einen Verkauf der Glashütte zu realisieren. Bei diesen Verkaufsverhandlungen zeigte sich einmal mehr, wie schwer es ist, einen angeschlagenen und heruntergewirtschafteten Betrieb zu verkaufen. Es kam zu zahlreichen Besichtigungen durch Unternehmer, die auf Grund der hervorragenden Belegschaftsstruktur ein Interesse gezeigt hatten. Alle Verhandlungen scheiterten jedoch; einmal waren gerade durchgeführte Erweiterungen daran schuld, daß nicht übernommen wurde, das andere Mal das fehlende Management. Denn alle Unternehmer, die finanziell in der Lage gewesen wären und an der zusätzlichen Kapazität interessiert waren, ließen immer wieder durchblicken, daß eine neue nicht sofort zur Verfügung stehende Führungsmannschaft über einen langen Zeitraum notwendig wäre, um diesen technisch heruntergekommenen und planlos geführten Betrieb in einen modernen, leistungsfähigen, mittelständischen Betrieb umzuwandeln. Alle interessierten Unternehmer waren sich damals darüber einig, daß selbst bei sehr optimistischer Betrachtung erst langfristig wieder mit Gewinn gerechnet werden kann. Diese Erkenntnis hat sich auch unter Berücksichtigung der neuen Eigentümer nicht geändert.

Da auf der einen Seite der Unternehmer Richard Süßmuth nicht in der Lage war, den Weg aus der Verlustsituation darzustellen, auf der anderen Seite kein Privatunternehmer aus personellen oder finanziellen Gründen bereit war, die Glashütte Süßmuth zu übernehmen, blieb bei der selbstbewußten und fachlich hochqualifizierten Mannschaft nur der letzte Ausweg, selbst die Geschicke in die Hand zu nehmen. Die Hessische Landesregierung hatte frühzeitig erklärt, daß bei Vorliegen eines realistischen Gesamtkonzeptes, aus dem eine echte Überlebenschance ableitbar ist, auch die von den Arbeitnehmern übernommene Gesellschaft mit öffentlichen Finanzierungshilfen rechnen kann. Ein Hinausschieben einer Liquidation oder eines Konkurses lediglich über Monate oder ein Jahr sollte jedoch auf keinen Fall mit öffentlichen Mitteln finanziert werden. Das Ringen um eine anerkennungswürdige Konzeption und Gesamtplanung zog sich über Monate hin. Der Öffentlichen Hand und ihren Vertretern wurde in dieser Zeit oft der Vorwurf gemacht, daß sie durch eine pessimistische Beurteilung der Lage und der Zukunft den Anlauf eines erstrebenswerten Modells verhindern oder zumindest unnötig stark erschweren würden. Es muß jedoch deutlich gemacht werden, daß es in dieser Vorbereitungsphase nicht allein damit getan war, gewisse Teilpläne auszuarbeiten und auf Gewinnteilprognosen aufzubauen. Es kam vielmehr darauf an, bei der Übernahme eine Führungsmannschaft zu haben, die einmal das Vertrauen der Arbeitnehmereigentümer, zum anderen so viel Sachverstand und Zukunftsorientierung besitzen müßte, daß die nötigen Investitionsentscheidungen, die zum Teil erst viele Monate später wirksam werden konnten, von Anfang an mit möglichst wenig Risiko verbunden waren und in dem vorgegebenen vertretbaren finanziellen Rahmen abgewickelt werden konnten. Gerade in der Übergangsphase war eine klar abgegrenzte Arbeits- und Entscheidungsteilung zwischen Geschäftsführung und Hütte notwendig, um die wichtigsten Entscheidungen schnell zu treffen.

2. Der Investitionsplan und seine Verwirklichung

Die wichtigsten Entscheidungen waren zunächst auf dem Gebiet der Neu- und Ersatzinvestitionen zu treffen, um möglichst schnell wieder hochwertiges Glas ohne große Bruch- und Ausfallquoten in der am Markt gewünschten und absetzbaren Menge produzieren zu können. Die folgende Gegenüberstellung zeigt auf der einen Seite die völlig unzureichende technische Ausstattung per 29. 9. 1970 und die realisierte Investitionsplanung per 20. 6. 1972.

Dieser Investitionsplan (vgl. Schaubild, S. 89), der bereits kurz nach der Übernahme durch die verschiedensten Bestellungen in die Tat umgesetzt werden mußte, war neben neu zu entwickelnden Produkten das Kernstück der Sanierung, ohne die die Übernahme durch die Belegschaft sinnlos geworden wäre. Man muß bei diesem Investitionsplan ausdrücklich betonen, daß in der Übergangsphase die einzelnen Investitionen in der Belegschaft eingehend diskutiert wurden und viele kleine Verbesserungen, die in der Summe in der Zukunft entscheidende finanzielle Vorteile bringen werden, frühzeitig in den Investitionsplan eingebaut wurden. Die Investitionen, die zunächst auf rd. 1,5 Mio. DM geschätzt wurden, konnten letztlich in DM ausgedrückt niedriger gehalten werden, weil die Selbsthilfe der Arbeitnehmer in den letzten 2 Jahren in der Bilanz unbewertet blieb. Der Einfallsreichtum, mit kleinen Mitteln entscheidende Reparaturen und Ergänzungen anzubringen, riß bei der Belegschaft in dieser Laufzeit nie ab.

3. Die finanzielle Entwicklung

Und nun zu der finanziellen Situation bei der Übernahme des Betriebes:

In den gewinnträchtigen Jahren bis 1960 hatte der Unternehmer Richard Süßmuth zum Teil aus wohlverstandenen sozialen Erwägungen, zum Teil aber auch aus falsch verstandenem Ehrgeiz Investitionen

Investitionsplan und Verwirklichung

	29. 9. 1970	Inbetriebnahme 20. 6. 1972	Monat/Jahr	T-DM
Hütte				
Ofen I	veraltet	Neubau	6/71	200
Ofen II	abbruchreif	Neubau	12/70	222
Ofen III	rep.bedürftig	Reparatur	12/71	10
Feuerung	Eigen. Generatorgas (Handbeschickung)	Erdgas (Fernversorgung)	10/70	64
Transport	von Hand	Eintragbänder	10/71	15
4 Kühlbänder	veraltet	Modernisierung (autom. Beheizung	2/71	191
Sonderöfen	abbruchreif	Neubau	1/71–2/72	127
Stromverteilung	mangelhaft	Zentrale	11/71	8
Weiterverarbeitung				
Diamantsägen	2 Stück	5 Stück	9/71	9
Feinschleifen	Spindel f. keramische Scheiben	Spindel f. Diamantschliff	5/71	10
Glas-Transport	Kisten m. Hand	Transportwagen	9/71	19
Glas-Transport	Kisten m. Hand	Transportband	3/71	50
Glas-Reinigung	von Hand	Wasch- u. Trockenanlage	1/71	20
Abschleifen	von Hand	Schleifautomat	4/72	20
Transport				
Innerbetriebl.	von Hand	Gabelstapler	12/70	28
Außerbetriebl.	Kombi, schrottreif	Kombi, neu	6/71	9
Sonstiges				
3 Werkzeuge (Pfeifen etc)	veraltet	Erneuerung	70–72	10
4 diverses	–	–	71–72	14
				1 026

Plan 72	6/72	Plan	Ziel	T-DM
Notstromaggregat	40 KVA	100 kVA autom.	8/72	35
Formenwerkstatt	veraltet	Kopier-Drehbk.	6/72	22
Kühlband V	nicht vorhanden	Neubau	8/72	60
Ätzerei	veraltet	Modernisierung	8/72	20
Plan 73				
Neubau von Ofen III				

getätigt, die im Verhältnis zur Unternehmensgröße zu groß oder überhaupt nichts mit dem eigentlichen Unternehmenszweck zu tun hatten. Herr Süßmuth baute frühzeitig 16 Häuser mit insgesamt 72 Werkswohnungen, die heute auch in das Vermögen der Belegschaft gefallen sind. Diese Investitionen haben sich bestimmt für den Betrieb bezahlt gemacht, da eine Reihe von Fachkräften auf diese Weise in Immenhausen gebunden werden und die Fluktuation in der Belegschaft niedrig gehalten werden konnte. Herr Süßmuth baute jedoch ferner ein Hotel und Gästehaus in unmittelbarer Nähe der Fabrik. Die Mittel, die in diese unrentable Investition flossen, hätten besser frühzeitig für die Erneuerung von Öfen und Kühlbändern eingesetzt werden sollen. Auch über die im Verhältnis zum Gesamtumsatz von 4 Mio. DM überdimensionierten Ausstellungsräume muß man angesichts der fehlenden technischen Investitionen skeptisch sein. Die Eröffnungsbilanz per 1. 1. 1970 zeigt in zusammengefaßten Positionen und abgerundeten Beträgen folgendes Bild: (siehe Übersicht).

Bei rein statischer Betrachtung und bei Nichtberücksichtigung der Verluste der vergangenen Jahre könnte man auf den ersten Blick versucht sein – dieser Betrachtungsweise gab sich der Unternehmer Richard Süßmuth zum Teil hin –, von einer gesunden Bilanz und annehmbaren Finanzierungsverhältnissen zu sprechen. Diese Aussage wurde zum Teil noch dadurch unterstützt, daß behauptet wurde, daß im Anlagevermögen erhebliche stille Reserven stecken. Von den Anschaffungs- und Herstellungskosten her und unter Berücksichtigung von Normalabschreibungen ist dies zwar richtig. Sicherlich hatte die Fabrik mit Maschinen, Anlagen und Wohnbauten ein Vielfaches von dem gekostet, was per 1. 1. 1970 in der Bilanz ausgewiesen war. Sicherlich waren die Abschreibungen (unter Berücksichtigung der Sonderabschreibungen für Betriebe im Grenzgebiet der DDR) größer als die Abnutzung, und es steht außer Zweifel, daß die Steigerung des

Eröffnungsbilanz per 1. 1. 1970 der Glashütte Süßmuth GmbH

AKTIVA	DM in tausend	PASSIVA	DM in tausend
Grundstück mit Fabrikbauten	616	Stammkapital	427
Grundstück mit Wohnbauten	791	Pensionsrückstellung	530
Maschinen und Anlagen	14	Sonstige Rückstellungen	70
Betriebs- und Geschäftsausstattung	112	Langfristige Verbindlichkeiten	923
Roh-, Hilfs-, Betriebsstoffe und Halbfabrikate	155	Lieferanten	121
Fertigerzeugnisse	599	Bankschulden	337
Forderungen	450	Unterstützungsverein	132
Sonstiges	88	Sonstiges	285
	2 825		2 825

Preisindex weitere stille Reserven gelegt hätte, wenn wir es mit einem gewinnträchtigen Unternehmen zu tun gehabt hätten. Hätte jedoch 1970 das Unternehmen liquidiert werden müssen, hätte sich schnell gezeigt, daß die vielen stillen Reserven in Wirklichkeit nicht vorhanden waren; denn die Fabrikanlage und die Maschinen und sonstige Anlagen sind für andere Zwecke nur sehr begrenzt verwertbar. Ob sich hierfür ein Käufer für 600 000–700 000 DM gefunden hätte, muß bei dem relativ abgelegenen Standort Immenhausen bezweifelt werden. Mit den vorhandenen Arbeitsplätzen in Immenhausen steht und fällt jedoch auch die Vermietbarkeit der Werkswohnungen. Bei Nichtweiterführung des Betriebes und Aufgabe der Arbeitsplätze muß bei den erzielbaren Mieten in Immenhausen auch bezweifelt werden, ob die Werkswohnungen zu dem in der Eröffnungsbilanz ausgewiesenen Wert hätten verkauft werden können, zumal es eventuell zu einer Zwangsversteigerung gekommen wäre, die automatisch auf den Preis gedrückt hätte. Wenn man sich dann noch die weiteren Aktivposten ansieht, so wären sicherlich bei der Betriebs- und Geschäftsausstattung den Rohhilfs- und Betriebsstoffen und den Halb- und Fertigfabrikaten keine Überdeckungen erzielbar gewesen, da es gerade bei Verkauf von Glasserien wichtig ist, daß noch über eine längere Zeit der Nachkauf von Einzelartikeln sichergestellt erscheint. Das größte Handikap für die übernehmenden Arbeitnehmer war jedoch die Tatsache, daß trotz vorliegender Investitionsplanung auf Grund von Lieferzeiten diese nicht vollständig vor Ende 1972 in die Tat umgesetzt werden und daher für die Jahre 1970–72 noch Verluste einkalkuliert und getragen werden mußten, da der Sanierungsprozeß erst nach erfolgten Investitionen wirksam werden konnte. Auf der anderen Seite kam erschwerend hinzu, daß für die Finanzierung der Investitionen und der zusätzlichen Betriebsmittel, die für die notwendige Umsatzausweitung bereitgestellt werden mußten, lediglich Fremdmittel zur Verfügung standen. Die damit verbundenen Auswirkungen auf die Finanzplanung der kommenden Jahre wurden etwas gemildert durchein zinsgünstiges Darlehen der Bundesanstalt für Arbeit in Höhe von 750 000,– DM ($3^1/_2$ % Zinsen; 10 Jahre Laufzeit) und einen maximalen Investitionszuschuß für Betriebe des DDR-Grenzgebietes von der Hessischen Landesregierung von 225 000,– DM. Die Absicherung der langfristigen Finanzierung erfolgte unter gleichmäßiger Risikoverteilung zwischen Hausbanken und Landesregierung durch Landesbürgschaften.

Die eigentliche Übernahme durch die Arbeitnehmer erfolgte nicht per 1. 1. 1970, obwohl Richard Süßmuth bereits am 19. 7. 1969 eine Erklärung abgegeben, daß er mit der Durchführung der Firma als Genossenschaftshütte einverstanden war und dies am 24. 10. 1969 auch schriftlich bestätigt hatte. Auf Grund der rechtlichen Gegebenheiten (Richard Süßmuth KG) und der bereits erwähnten Übernahmekonstruktion mußte zunächst die Kommanditgesellschaft in eine GmbH umgewandelt werden. Diese Umwandlung erfolgte per 1. 1. 1970, und die Eröffnungsbilanz dieser Gesellschaft, in der zunächst noch Herr

Süßmuth, seine Frau und seine Kinder das Stammkapital von 427 000,– DM hielten, ist auf S. 90 dargestellt. Bereits 1969 hatte man auf der Basis dieser Übernahmebilanz im Rahmen eines Arbeitsteams der Arbeitnehmer und der Bezirksleitung der IG Chemie-Papier-Keramik Hessen die rechtlichen Fragen der Überschreibung des Stammkapitals auf die Arbeitnehmer vorbereitet. Herr Süßmuth hatte trotz seiner ursprünglichen Erklärung Anfang 1970 noch gezögert, die Überschreibung vorzunehmen. Erst am 23. 3. 1970 war er mit einer notariellen Überschreibung unter gewissen Bedingungen, die seine zukünftige Absicherung beinhalten, einverstanden. Der Übertragung der in der Eröffnungsbilanz dargestellten Aktiven und Passiven an die Belegschaftsmitglieder stand folgendes Entgelt für Herrn Richard Süßmuth und seine Familie gegenüber:

1. Eine monatliche Rente von 2000,– DM auf Lebenszeit (der überlebende Ehegatte 70 % hiervon),
2. ein lebenslängliches Wohnrecht an der bisher innegehabten Wohnung einschließlich der Zurverfügungstellung von Strom, Heizung und Wasser,
3. die Überlassung des zur Zeit von Herrn Süßmuth genutzten PKW – Mercedes 220 –,
4. eine Gewinnbeteiligung, die der Gewinnbeteiligung der Arbeitnehmer entspricht.

Dieser Übernahmevertrag wurde erst am 29. 9. 1970 notariell beurkundet. 10 Belegschaftsmitglieder waren nunmehr als Treuhänder für sämtliche Belegschaftsmitglieder Gesellschafter der Glashütte Süßmuth GmbH geworden. Bei den Übernahmebedingungen muß man berücksichtigen, daß zu diesem Zeitpunkt die 1970 entstandenen Verluste das am 1. 1. 1970 ausgewiesene Stammkapital bereits zum großen Teil aufgezehrt hatten und mit weiteren Anlaufverlusten bis zur Fertigstellung aller Investitionen gerechnet werden mußte. Ferner ist festzuhalten, daß eine Liquidation in 1970 mit einiger Wahrscheinlichkeit zu einem Anschlußkonkurs geführt hätte. Unter diesen Umständen waren die Übernahmebedingungen für Herrn Süßmuth annehmbar und eher günstig als ungünstig zu nennen. Die Jahre 1970 und 1971 waren durch ständige Kraftakte der Belegschaft, mit völlig unzulänglichen Anlagen modernes, verkäufliches Glas herzustellen, gekennzeichnet. Die in Übersicht 1 dargestellte Investitionsaufstellung zeigt, daß die entscheidenden Investitionen erst Ende 1970 zum Tragen kommen. Hinzu kam, daß eine handlungsfähige Geschäftsführung erst Mitte 1970 vorhanden war und auf Grund der neuen Gesellschaftsverhältnisse sich die Unternehmensführung erst einspielen mußte. Denn auch in einem von Arbeitnehmern geführten Betrieb muß es eine klare Funktionsgliederung mit scharf voneinander getrennten Entscheidungsbereichen geben. An der Spitze muß eine dynamische und handlungsfähige Geschäftsführung stehen. Da auch die Gesamtplanung des Unternehmens erst im Laufe des Jahres 1970 konzipiert und mit vorgabereifen und kontrollierbaren Zahlen vorgelegt wurde, ist verständlich, daß 1970 noch mit hohen Verlusten, die eindeutig der verfehlten Unternehmenspolitik des früheren Firmeninhabers zuzuschreiben sind, gerechnet werden mußte.

Der Beirat wirkt heute als Kontroll- und Beratungsorgan. Dem Beirat obliegt die Beobachtung der mittel- und langfristigen Unternehmenspolitik und deren Realisierung durch die Geschäftsführung. In der ersten und den kommenden Beiratssitzungen wurde an Hand von betriebswirtschaftlichen Kennziffersystemen festgelegt, welche monatlichen und jährlichen Plan- und Istzahlen die Geschäftsführung laufend vorzulegen hat, um insbesondere die laufende Kontrolle über die Einnahmen und Ausgaben und die Aufnahme und Verwendung von kurz- und langfristigen Mitteln sicherzustellen. Außerdem mußte der ursprüngliche Investitionsplan laufend diskutiert und an die sich verändernde Entwicklung angepaßt werden. Gerade bei der Verwirklichung des Investitionsplanes in den letzten 2 Jahren hat sich gezeigt, wie wertvoll eine laufende Diskussion und Anpassung sein kann. Viele Anregungen direkt aus der Belegschaft konnten ursprüngliche Fehler verhindern helfen und trugen dazu bei, daß die wesentlichen Investitionen, nämlich der Neubau der Öfen und Kühlbänder, Ende 1971 abgeschlossen werden konnten.

4. Perspektiven

Es ist lange diskutiert worden, ob nach der Übernahme durch die Belegschaft ein Gesundschrumpfungsprozeß bei stagnierendem Umsatz oder die Flucht nach vorn, d. h., der Versuch mit der bestehenden modernisierten Kapazität einen höheren Umsatz zu erzielen, angesteuert werden sollte. Alle Beteiligten waren sich nach den ersten Grobplanungen darüber im klaren, daß bei einer Lohnquote von nahezu 70 % ohne Produktivitätssteigerungen eine Übernahme sinnlos gewesen wäre. Aus dem Investitionsplan konnte man zwar erhebliche Produktivitätssteigerungen ableiten, aber die entscheidende Frage war, ob es kurzfristig gelingen würde, zum Teil mit Hilfe von freien Mitarbeitern (Designer, Werbefachleute) und zum anderen Teil mit eigenen Ideen das Produktionsprogramm so umzugestalten, daß auf einem nahezu stagnierenden und hartumkämpften Markt eine Umsatzsteigerung von 4 auf 6 Mio. DM erreicht werden konnte. Darüber hinaus muß man berücksichtigen, daß der Umsatz bei Süßmuth zum Teil tangiert wird von den laufenden technischen Entwicklungen auf dem Maschinenglassektor. Die Rationalisierung und Automatisierung hat in den letzten Jahren vor allem die Kelchglasherstellung beeinflußt. Hier ist es insbesondere auf Grund von Entwicklungen in Deutschland, Frankreich, Belgien, den Niederlanden und Italien gelungen, qualitativ einwandfreie und dünnwandige Kelche in Massenserien zu produzieren. Sogar Kristallkelche mit eingeblasenem Muster können bereits heute automatisch in großen Serien hergestellt werden. Auf diesem Spezialsektor können Mundblashütten mit Lohnkostenanteilen von über

60 % nur noch konkurrieren, wenn sich ihre Kelchgläser von diesen Massenartikeln abheben und die erhöhten Preise von einem exklusiven Publikum gezahlt werden. Für die Glashütte Süßmuth wird es auch in Zukunft darauf ankommen, Programme zu produzieren, die ein individuelles Publikum ansprechen und sich als mundgeblasenes Glas deutlich von dem Automatenglas abheben. Wenn man die bebilderte Preisliste des Jahres 1972 mit der des Jahres 1969 vergleicht, wird deutlich, daß entscheidende Entwicklungen in dieser Richtung bereits erfolgt sind. 1969 wies man im Bereich des Wirtschaftsglases, das damals mit 83 % am Gesamtumsatz beteiligt war, noch 960 verschiedene Artikel aus. Der Bereinigungs- und Anpassungsprozeß wird in dem Katalog 1972 deutlich, in dem bei inzwischen gestiegenem Umsatz nur noch 416 Artikel und davon nur noch 214 aus der Zeit von vor 1969 ausgewiesen werden. In der kurzen Zeit der Übernahme durch die Belegschaftsmitglieder ist es gelungen, sich dem Geschmack des individuellen Publikums anzupassen. Das heutige Programm umfaßt Kelchserien und Spezialgläser, Becher und Becherserien, Krüge, Bowlen, Flaschen, Dosen, Ascher, Beleuchter, Schalen, Teller und Vasen. Der rustikale Einschlag bei vielen Produkten hat sich bisher gut verkaufen lassen. Die bereits oben projizierten und für die Lebensfähigkeit des Betriebes unbedingt erforderlichen 6 Mio. Umsatz sind bereits für 1972 keine Phantasiegröße mehr. Bei dem derzeitigen technischen Stand der Hütte und der im Augenblick vorhandenen Belegschaftsstärke von über 250 können die 6 Mio. Umsatz wieder die ersten Gewinne bringen. Jeder größere Optimismus ist jedoch heute noch verfrüht. Ein Ausweichen auf andere Produktionsmethoden ist aus Gründen der Kapitalintensität und den damit verbundenen Finanzierungsproblemen nicht möglich. Die Hütte wird also als Mundblashütte versuchen müssen, ihre Existenz zu finden. Hierbei wird die Lohnintensität der Fertigung immer eine entsprechende Rolle spielen. Darüber hinaus wird auf dem hart umkämpften Markt eine dauernde Anpassung notwendig sein. Nur die Mundblashütte, die auf jeder Fachmesse den kommenden Geschmack des Publikums vorausahnt und entsprechende Produkte auf den Markt bringt, wird ihren Umsatz halten oder sogar steigern können. Neben dieser entsprechenden Marktforschung und Absatzplanung muß das Rechnungswesen so ausgebaut werden, daß von der Angebotsseite her immer übersehen werden kann, wenn einzelne Artikel nur noch Verluste, bzw. ungenügende Deckungsbeiträge liefern. Die Eigentümer der jetzigen Glashütte Süßmuth, die Belegschaft, hat es um so schwerer, als sie, mit einem minimalen Eigenkapital ausgestattet, die kommenden Gewinne in erster Linie dafür braucht, um den anfallenden Kapitaldienst für das relativ hohe Fremdkapital aufzubringen. Dieser Entwicklungsprozeß wird nur sehr langfristig und langsam zu einer Stärkung des eigenen Kapitals führen. Auch über die verdienten Abschreibungen wird keine wesentliche Eigenkapitalstärkung möglich sein. Auch in Zukunft sind jährlich entsprechende Ersatz- und Neuinvestitionen notwendig, um

frühzeitig das zu verhindern, was der Belegschaft schon einmal widerfahren ist. Mit einer echten Gewinnbeteiligung, die zur Ausschüttung kommen könnte, ist also in der näheren Zukunft nicht zu rechnen. Man darf bei allen Leistungen, die die Belegschaft bisher schon erbracht hat, trotz der äußerst schlechten und stark belasteten Ausgangssituation, hoffen, daß die mit einigem Optimismus aufgestellten Planungen tatsächlich realisiert werden. Das Bewußtsein der Belegschaft, jetzt in ihrem eigenen Interesse den Betrieb steuern und mitbestimmen zu können, wird auch in Zukunft große Kräfte freisetzen. Ob diese Kräfte mit den aus der Vergangenheit übernommenen Belastungen fertig werden, kann erst die Zukunft zeigen. Aber alles spricht dafür.

V

Anhang

1. Satzung des Vereins der Beschäftigten der Glashütte Süßmuth GmbH

§ 1
Name und Sitz des Vereins

Der Verein führt den Namen „Verein der Beschäftigten der Glashütte Süßmuth GmbH", nach erfolgter Eintragung in das Vereinsregister, die alsbald erwirkt werden soll, mit dem Zusatz „eingetragener Verein" (e. V.).
Sitz des Vereins ist Immenhausen im Kreis Hofgeismar.

§ 2
Zweck des Vereins

Ziel und Zweck des Vereins ist die Verwirklichung der Selbstverwaltung in der Glashütte Süßmuth durch die dort beschäftigten Arbeiter und Angestellten.

§ 3
Mitgliedschaft

1. Mitglied des Vereins ist jeder Arbeiter und Angestellte, der am Tage des Inkrafttretens dieser Satzung in einem Beschäftigungsverhältnis mit der Glashütte Süßmuth steht, es sei denn, daß innerhalb von zwei Wochen nach diesem Zeitpunkt schriftlich beim Vorstand etwas anderes erklärt wird.
2. Mitglied des Vereins können auf Antrag auch Arbeiter und Angestellte werden, die nach Inkrafttreten dieser Satzung in ein Beschäftigungsverhältnis mit der Glashütte Süßmuth eintreten.
   Der Antrag ist mit der Einreichung der Bewerbungsunterlagen zu verbinden.
   Über die Aufnahme entscheidet die Mitgliederversammlung, die nach Ablauf eines Zeitraumes von drei Monaten nach Beginn des Beschäftigungsverhältnisses zusammentritt.

§ 4
Ende der Mitgliedschaft

Die Mitgliedschaft endet durch
1. Tod
2. Beendigung des Beschäftigungsverhältnisses oder
3. formellen Ausschluß wegen vereinsschädigenden Verhaltens oder groben Verstoßes gegen die Zielsetzung des Vereins. Der Ausschluß kann nur durch einen Beschluß der Mitgliederversammlung erfolgen.

§ 5
Organe des Vereins

Organe des Vereins sind
1. die Mitgliederversammlung
2. der Vorstand.

§ 6
Mitgliederversammlung

1. Die Mitgliederversammlung ist das höchste Beschlußorgan des Vereins. Ihre Rechte ergeben sich aus den jeweiligen Bestimmungen dieser Satzung.
2. Ordentliche Mitgliederversammlungen finden mindestens einmal im Vierteljahr statt. Sie fassen ihre Beschlüsse mit einfacher Mehrheit der erschienenen Mitglieder, soweit nichts anderes in dieser Satzung vorgesehen ist.
   Im ersten Vierteljahr des Geschäftsjahres findet die Mitgliederversammlung als Hauptversammlung statt.
   Dieser obliegt
   1. die Entgegennahme des Geschäftsberichtes über das vorangegangene Geschäftsjahr
   2. Entlastung des Vorstandes
   3. Neuwahl des Vorstandes
3. Außerordentliche Mitgliederversammlungen sind vom Vorstand einzuberufen, wenn ein Viertel aller Vereinsmitglieder dies verlangen.

§ 7
Vorstand

1. Der Vorstand besteht aus zehn Mitgliedern – dem Vorsitzenden und neun weiteren Mitgliedern.
   Der Vorsitzende und ein weiteres Mitglied vertreten den Vorstand und damit den Verein nach innen und nach außen.
   Aufgrund des § 12 des Gesellschaftervertrages sind die Mitglieder des Vorstandes mit den Gesellschaftern identisch.
   Beim Ausscheiden aus dem Vorstand gehen die Geschäftsanteile des ausscheidenden Vorstandsmitgliedes auf das neue Vorstandsmitglied über.
2. Der Vorstand hat folgende Aufgaben:
   a) die Geschäftsleitung
   b) die Ausführung von Vereinsbeschlüssen
   c) die Abgabe des Geschäftsberichtes
   d) Einberufung der Mitgliederversammlung unter rechtzeitiger Bekanntgabe der Tagesordnung sowie
   e) Leitung der Mitgliederversammlung.
3. Der Vorstand wird mit einfacher Stimmenmehrheit zunächst für die Dauer von drei Jahren gewählt.
   Nach Ablauf dieser Zeit soll der Vorstand nach einem Rotations-

verfahren gewählt werden, dessen Einzelheiten durch entsprechende Ergänzungen dieser Satzung von der letzten Hauptversammlung festzulegen sind, die vor der Neuwahl des Vorstandes stattfindet.

4. Der Vorstand in seiner Gesamtheit oder einzelne Vorstandsmitglieder können jederzeit in einer Mitgliederversammlung abberufen werden, wenn mehr als die Hälfte der Vereinsmitglieder es beschließen und sie sich mit der gleichen Mehrheit auf einen neuen Vorstand oder einzelne Vorstandsmitglieder einigen.

§ 8

Ausschüsse

Von der Hauptversammlung ist ein Betriebsausschuß zu wählen, dessen zahlenmäßige Stärke durch Beschluß vorher festzulegen ist. Der Betriebsausschuß hat alle Rechte, die einem Betriebsrat nach den Bestimmungen des Betriebsverfassungsgesetzes zustehen. Darüber hinaus sind alle personellen und sozialen Maßnahmen von seiner Zustimmung abhängig.

Kommt zwischen Betriebsausschuß und Geschäftsleitung ein Einvernehmen nicht zustande, so entscheidet die nächstfolgende Mitgliederversammlung verbindlich.

Weitere Ausschüsse können im Einzelfall bei Bedarf gebildet werden.

§ 9

Auflösung des Vereins

Die Auflösung des Vereins ist zulässig, wenn mindestens drei Viertel aller Vereinsmitglieder dies beschließen. Im Falle der Auflösung wird das nach Abschluß der Liquidation verbleibende Vermögen auf die Mitglieder des Vereins verteilt.

§ 10

Diese Satzung tritt am .... in Kraft.

2. Gesellschaftsvertrag

§ 1
Firma und Sitz

Die Firma lautet:
„Glashütte Süßmuth Gesellschaft mit beschränkter Haftung"
Sitz der Gesellschaft ist Immenhausen.

§ 2
Gegenstand des Unternehmens

Gegenstand des Unternehmens sind die Herstellung und der Vertrieb von Glaswaren aller Art, von Geschenkartikeln und von Gegenständen der Innenarchitektur. Die Gesellschaft ist berechtigt, andere Erzeugnisse gleicher oder ähnlicher Art herzustellen, zu erwerben und zu vertreiben.

§ 3
Stammkapital

Das Stammkapital der Gesellschaft beträgt DM 427 000,–, (i. W.: Vierhundertsiebenundzwanzigtausend Deutsche Mark). Auf das Stammkapital haben als Einlage übernommen:

1. der Glasmacher Rudolf Bilo,
Immenhausen, Untere Bahnhofstr. 30
eine Stammeinlage von DM 18 000,–
2. der Glasmacher Helmut Depta,
Immenhausen, Schlesische Straße 14
eine Stammeinlage von DM 18 000,–
3. der Glasschleifer Fritz Dohnalek,
Immenhausen, Untere Bahnhofstr. 31
eine Stammeinlage von DM 18 000,–
4. der Betriebswirt (grad.) Rolf Friedrich
Kassel, Wolfhager Str. 349
eine Stammeinlage von DM 18 000,–
5. der Lagerverwalter Erich Gebauer,
Grebenstein, Schlesische Str. 498
eine Stammeinlage von DM 18 000,–
6. der Magazinverwalter Heinz Müllrich,
Hess. Lichtenau, Selzer Str. 5
eine Stammeinlage von DM 18 000,–
7. der Glasmacher Kurt Papritz,
Immenhausen, Hinter der Kirche 6
eine Stammeinlage von DM 18 000,–
8. der Formmacher Willi Römer,
Burguffeln, Immenhäuserstr. 58 b
eine Stammeinlage von DM 18 000,–

9.	der Glasschleifer Gerhard Nixdorf, Grebenstein, Höllegasse 193 1/2 eine Stammeinlage von	DM 18 000,–
10.	der Glasmaler Joachim Zindler, Immenhausen, Untere Bahnhofstr. 29 eine Stammeinlage von	DM 18 000,–
11.	die Glashütte Süßmuth GmbH.* eine Stammeinlage von	DM 247 000,–
	zusammen	DM 427 000,–

Die Gesellschafter halten ihre Anteile treuhänderisch für die Beschäftigten der Gesellschaft.
Die Gesellschafter können die Einziehung von Geschäftsanteilen bei Vorliegen der gesetzlichen Voraussetzungen beschließen. Statt der Einziehung kann die Übertragung auf die Gesellschaft oder eine von ihr benannte Person beschlossen werden.

§ 4
Dauer der Gesellschaft, Geschäftsjahr

Die Gesellschaft beginnt mit der Eintragung im Handelsregister.
Die Dauer der Gesellschaft ist unbestimmt.
Das Geschäftsjahr ist das Kalenderjahr.

§ 5
Vertretung der Gesellschaft

Die Gesellschaft hat einen oder mehrere Geschäftsführer. Sind mehrere Geschäftsführer bestellt, so wird die Gesellschaft jeweils von zwei Geschäftsführern gemeinschaftlich oder durch einen Geschäftsführer in Gemeinschaft mit einem Prokuristen vertreten.
Die Gesellschafterversammlung kann bei Vorhandensein mehrerer Geschäftsführer jedem oder einem von ihnen die Befugnis zur Alleinvertretung gewähren. Diese Befugnis kann beschränkt werden.
Ein Geschäftsführer kann nicht gleichzeitig ein Gesellschafter sein.

§ 6
Bestellung der Geschäftsführer

Die Geschäftsführer werden auf die Dauer von fünf Jahren bestellt. Wiederbestellung ist möglich. Das Nähere regeln die Geschäftsführerverträge.
Zuständig für die Bestellung und Abberufung von Geschäftsführern ist ausschließlich die Gesellschafterversammlung.

* Der von der Gesellschaft selbst übernommene Geschäftsanteil entspricht der gegenüber Herrn Richard Süßmuth bestehenden Verpflichtung zu Leistungen entsprechend dem Vertrag vom 23. 3. 1970.

§ 7
Rechte und Pflichten der Geschäftsführer

Ordnungsgemäße Beschlüsse der Gesellschafterversammlung und der zuständigen Ausschüsse sind für die Geschäftsführer bindend. Soweit solche Beschlüsse nicht vorliegen, gilt die Geschäftsbefugnis für alle gewöhnlichen, branchenüblichen Geschäfte. Für alle anderen Geschäfte ist die Zustimmung der Gesellschafter erforderlich.

Die Geschäftsführer sind verpflichtet, den Gesellschaftern vierteljährlich einen schriftlichen Bericht über die Geschäftslage und sonstige wesentlichen Ereignisse des Betriebs zu erstatten.

Die Geschäftsführer sind auf Verlangen verpflichtet, in der Gesellschafterversammlung zu erscheinen und Auskunft zu erteilen. Die Geschäftsführer sind grundsätzlich berechtigt, an Gesellschafterversammlungen teilzunehmen.

Im übrigen ergeben sich Rechte und Pflichten der Geschäftsführer aus dem Geschäftsführervertrag und dem Gesetz.

§ 8
Gesellschafterversammlung

Gesellschafterbeschlüsse können nur auf Gesellschafterversammlungen gefaßt werden.

Die Gesellschafterversammlung wählt aus ihrer Mitte einen Sprecher. Er beruft die Gesellschafterversammlung ein und leitet sie. Der Vorschlag für die Tagesordnung erfolgt in Abstimmung mit den Geschäftsführern.

Gesellschafterversammlungen finden bei Bedarf, mindestens jedoch vierteljährlich statt. Außerdem ist eine Gesellschafterversammlung vom Sprecher einzuberufen, wenn mindestens die Hälfte der Gesellschafter es verlangen.

Gesellschafterversammlungen finden in der Regel außerhalb der Arbeitszeit statt.

Die Gesellschafterversammlung ist beschlußfähig, wenn zwei Drittel der Gesellschafter anwesend sind. Nach einer beschlußunfähigen Gesellschafterversammlung ist die folgende bei gleicher Tagesordnung beschlußfähig, wenn die Hälfte der Gesellschafter anwesend ist.

Die Abstimmung erfolgt nach Köpfen mit einfacher Mehrheit der Anwesenden. Bei Stimmengleichheit entscheidet die Stimme des Sprechers.

Die Abberufung eines Geschäftsführers aus wichtigem Grund und Satzungsänderungen bedürfen einer Mehrheit von drei Vierteln der stimmberechtigten Gesellschafter. Abs. 5 findet keine Anwendung.

§ 9
Beirat

Die Gesellschaft hat einen Beirat, der sich wie folgt zusammensetzt:

Drei Gesellschafter,

drei hauptamtliche Funktionäre der Industriegewerkschaft Chemie,

Papier, Keramik,
einem Vertreter der Hessischen Landesentwicklungs- und Treuhandgesellschaft mbH., Wiesbaden,
einem Vertreter der Hessischen Landesbank,
sowie zwei weiteren Mitgliedern.

Die Mitglieder des Beirats werden von der Gesellschafterversammlung berufen und abberufen. Die Gesellschafterversammlung bestimmt ihre Amtsdauer.

Der Beirat hat gegenüber der Gesellschafterversammlung und den Geschäftsführern lediglich beratende Funktion. Auf Verlangen haben die Gesellschafterversammlung und die Geschäftsführer dem Beirat jede gewünschte Auskunft zu erteilen. Dem Beirat können im Einzelfall durch die Gesellschafterversammlung besondere Aufgaben übertragen werden. Der Beirat soll sich eine Geschäftsordnung geben.

Auf den Beirat sollen die Bestimmungen des Aktiengesetzes über den Aufsichtsrat nicht angewandt werden. Die Namen der Mitglieder des Beirats werden weder im Bundesanzeiger noch anderen Publikationsorganen bekanntgemacht, noch beim Handelsregister eingereicht.

§ 10
Jahresabschluß

Die Bilanz und die Gewinn- und Verlustrechnung sind von den Geschäftsführern innerhalb von 3 Monaten seit Schluß des Geschäftsjahres aufzustellen und von sämtlichen Geschäftsführern zu unterschreiben.

Die Buchführung und Bilanzierung haben nach steuerlichen Vorschriften zu erfolgen. Wird der Jahresabschluß nachträglich berichtigt, insbesondere im Zuge einer Betriebsprüfung, so ist der berichtigte Abschluß maßgeblich.

§ 11
Gewinnverteilung

Die Gesellschaft schüttet während der ersten vier Geschäftsjahre keine Gewinne aus. Nach Abschluß dieses Zeitraumes beschließt die Gesellschafterversammlung nach freiem pflichtgemäßem Ermessen über die Verwendung des jährlichen Reingewinnes zugunsten der Beschäftigten der Gesellschaft.

§ 12
Übertragung von Geschäftsanteilen

Geschäftsanteile können nur mit Zustimmung der Gesellschaft übertragen werden. Die Gesellschafter sind verpflichtet, nach Gründung des „Vereins der Beschäftigten der Glashütte Süßmuth Gesellschaft mit beschränkter Haftung“ ihre Geschäftsanteile auf die Vorstandsmitglieder dieses Vereins zu übertragen. Scheidet einer der zukünftigen Gesellschafter aus dem Vorstand des Vereins aus, so hat er unverzüglich seinen Geschäftsanteil unentgeltlich an das neugewählte Vorstandsmitglied des Vereins oder an die Gesellschaft selbst zu übertragen. Kommt es darüber binnen zwei Monaten nach Ausscheiden zu keiner Einigung, ist der Anteil unentgeltlich einzuziehen.

§ 13
Tod eines Gesellschafters

Geschäftsanteile sind unvererblich. Stirbt ein Gesellschafter, so geht sein Anteil unentgeltlich auf die Gesellschaft über. Die Gesellschaft hat diesen Anteil sodann unverzüglich unentgeltlich an das neugewählte Vorstandsmitglied des in § 11 genannten Vereins zu übertragen.

§ 14
Auflösung der Gesellschaft

Die Auflösung der Gesellschaft kann von den Gesellschaftern nur unter den für eine Satzungsänderung bzw. Abberufung des Geschäftsführers geltenden Voraussetzungen beschlossen werden.
Das nach Abschluß der Liquidation verbleibende Vermögen wird an die Mitglieder des in § 11 genannten Vereins verteilt.

§ 15
Bekanntmachung

Bekanntmachungen der Gesellschaft erfolgen nur im Bundesanzeiger.

Immenhausen, den 29. 9. 1970

3. Rundschreiben des Vereins der Glasindustrie e. V.

VEREIN DER GLASINDUSTRIE e. V.
München 2 - Josephspitalstraße 15 - Fernruf 55 43 45

An die Mitglieder der
Hauptgruppe Hohlglaserzeugung

12. März 1970
Dr. Key/S

Sonderrundschreiben

Verteiler Nr. 11 / 125

Glashütte Immenhausen Richard Süßmuth, Immenhausen

Sehr geehrte Herren!

Wir sehen uns veranlaßt, Ihnen folgendes mitzuteilen:

Anläßlich einer Besprechung im kleinen Kreis, die am 11. 3. 1970 in Frankfurt (M) stattgefunden hat, im Zusammenhang mit den Gerüchten, daß die Firma Richard Süßmuth in eine „Genossenschaftshütte" umgewandelt werden soll, erklärte Herr Richard Süßmuth, daß er nicht beabsichtige, auf seine Rechte als persönlich haftender Gesellschafter zu verzichten. Damit würde dieses Projekt nicht realisierbar sein.

Auf Grund dieser Situation sprechen wir die dringende Bitte an unsere Mitgliedsfirmen aus, keine Arbeitskräfte dieser Firma einzustellen und die Bestimmungen unseres „Abwerbungsbeschlusses" sorgfältig zu beachten. Sollten Sie im Zusammenhang hiermit nähere Auskünfte wünschen, so setzen Sie sich bitte mit uns in Verbindung. Selbstverständlich informieren wir Sie umgehend, falls eine neue Situation eintreten sollte.

Wir hoffen, daß Sie für unser Anliegen Verständnis haben, wofür wir Ihnen verbindlichst danken.

Mit freundlichen Grüßen
VEREIN DER GLASINDUSTRIE e. V.
HAUPTGESCHÄFTSFÜHRUNG

gez. Unterschrift

4. Kleine Anfrage im Bundestag

Deutscher Bundestag
6. Wahlperiode — Drucksache VI/561

Kleine Anfrage

der Abgeordneten Metzger, Dr. Bechert (Gau-Algesheim), Corterier, Dr. Geßner, Heyen, Matthöfer, Dr. Müller (München), Pawelczyk, Säckl, Schollmeyer, Seefeld, Wrede, Würtz, Bäuerle, Wuttke, Zebisch und Genossen

betr. Verstoß gegen Artikel 12 GG
In einem Rundschreiben vom 12. März 1970 hat der Arbeitgeberverband der Glasindustrie — Verein der Glasindustrie e. V. in München — im Zusammenhang mit der vom Konkurs bedrohten Firma Richard Süßmuth-Glashütte Immenhausen im hessischen Zonenrandgebiet Hofgeismar die Mitglieder der Gruppe Hohlglaserzeugung aufgefordert, die Arbeitnehmer dieser Firma von Stellenangeboten auszuschließen. Die „Frankfurter Rundschau" hat sich in ihrer Ausgabe vom 17. März 1970 eingehend mit dem Rundschreiben befaßt. In diesem Rundschreiben wird unter anderem ausgeführt:

> „Anläßlich einer Besprechung im kleinen Kreis, die am 11. März 1970 in Frankfurt stattgefunden hat im Zusammenhang mit den Gerüchten, daß die Firma Richard Süßmuth in eine ‚Genossenschaftshütte' umgewandelt werden soll, erklärte Herr Richard Süßmuth, daß er nicht beabsichtige, auf seine Rechte als persönlich haftender Gesellschafter zu verzichten. Damit würde dieses Projekt nicht realisierbar sein.
> Auf Grund dieser Situation sprechen wir die dringende Bitte an unsere Mitgliedsfirmen aus, keine Arbeitskräfte dieser Firma einzustellen und die Bestimmungen unseres ‚Abwerbungsbeschlusses' sorgfältig zu beachten. Sollten Sie im Zusammenhang hiermit nähere Auskünfte wünschen, so setzen Sie sich bitte mit uns in Verbindung."

Wir fragen die Bundesregierung:

1. Wie beurteilt die Bundesregierung die in dem Rundschreiben des Arbeitgeberverbandes der Glasindustrie vom 12. März 1970 enthaltene Aufforderung an die Mitglieder der Gruppe Hohlglaserzeugung, keine Arbeitskräfte der Firma Richard Süßmuth-Glashütte Immenhausen einzustellen und die Bestimmungen des Abwerbungsbeschlusses sorgfältig zu beachten?
2. Sieht die Bundesregierung in dieser Einschränkung der Freizügigkeit der Arbeitnehmer eine unzulässige Maßnahme des Arbeitskampfes?

3. Was wird die Bundesregierung tun, um mögliche Nachteile für die Arbeitnehmer der Firma Richard Süßmuth-Glashütte Immenhausen abzuwenden?

Bonn, den 20. März 1970

Metzger	Batz
Dr. Bechert (Gau-Algesheim)	Bauer
Corterier	Dr. Enders
Dr. Geßner	Flämig
Heyen	Dr. Haack
Matthöfer	Hofmann
Dr. Müller (München)	Junghans
Pawelczyk	Kater
Säckl	Dr. Kreutzmann
Schollmeyer	Krockert
Seefeld	Langebeck
Wrede	Liehr
Würtz	Löffler
Bäuerle	Schiller (Bayreuth)
Wuttke	Frau Schlei
Zebisch	Schmidt (Niederselters)
	Dr. de With

5. Beitrag aus der Zeitschrift „Der Selbständige"

Einen von der Tendenz her besonders interessanten Beitrag zum Fall Süßmuth hat „Der Selbständige", das offizielle Organ des „Deutschen Gewerbeverbandes e. V.", in Bonn veröffentlicht. Der Artikel hat folgenden Wortlaut (nach „Frankfurter Rundschau" vom 30. 4. 1970):

Wenn Willi Stoph nach Kassel kommt und sein Sinn nach einem knappen Ausflug in die bundesrepublikanische wirtschaftliche Umwelt steht, wie sie sich die bolschewistischen Westlandreiter erträumen, dann brauchte er nur ein paar Kilometer weiter nach Immenhausen zu fahren. Gibt es dort doch seit neuestem ein Modell lupenreiner sozialistischer Machtergreifung im bösen kapitalistischen Unternehmerlager, wie es nicht schöner aus der DDR hätte importiert werden können. Denn die von der sozialistischen Presse diesseits und jenseits der Demarkationslinie so gefeierte „Umwandlung" der Glashütte Richard Süßmuth in eine „Genossenschaftshütte" ist, bei Licht besehen, nichts anderes als der bislang brutalste Anschlag auf unternehmerische Selbstbestimmung in diesem Land. Daran vermögen die vielzitierten erpreßten Worte des vormaligen Firmeninhabers anläßlich des Abschieds von seinem Besitz („. . . Ich gebe dieses Werk, diese meine geliebte Glashütte, in die Hände meiner Mitarbeiter . . . Möge der Name Süßmuth von meinen Mitarbeitern in Ehren gehalten werden . . .") nichts zu ändern. Auch wer an jenem 17. März die Tränen in den Augen des mittelständischen Unternehmers nicht wahrnehmen mochte, hatte Grund nachzudenken.

Nach dem Zweiten Weltkrieg war Richard Süßmuth mit vielen seiner Glasbläser aus dem schlesischen Penzig in der Lausitz im Flüchtlingstreck nach Immenhausen gekommen. Gemeinde, Kreis, Land und Bund halfen nach Kräften, der Glashütte eine neue Heimstatt zu schaffen, Richard Süßmuth und die Süßmuth-Mitarbeiter zogen an einem Strang, der weltweiten Geltung des Namens Süßmuth neuen Glanz zu verschaffen. Das gelang erfolgsträchtig bis in die sechziger Jahre hinein. An dem wirtschaftlichen Erfolg der zuletzt vier Millionen DM umsetzenden Glashütte partizipierten auch die Mitarbeiter. Im nordhessischen Kreis Hofgeismar gab es keine vergleichbaren Facharbeiterlöhne. Die Mehrzahl der Süßmuth-Mitarbeiter wohnte mietgünstig in betriebseigenen Häusern und nahm auch andere, der jetzt als „Sozialklimbim" verschrienen außertariflichen Leistungen Süßmuths dankbar an.

Dann kam die Rezession für die Glashütte. Das Süßmuth-Design fand nicht mehr den gewohnten Zuspruch. 1964 gab es 28 000 DM Verlust. Er wuchs im vorletzten Jahr auf über 250 000 DM. Süßmuth tat das, was Unternehmer in solchen Situationen zu tun pflegen: Er überprüfte das Produktionsprogramm, das Management und nicht zuletzt die beeinflußbaren

Kostenfaktoren. Das Ergebnis, nämlich im letzten Jahr erstmals kein Verlust mehr, paßte aber weder dem auf Kooperation angesprochenen Philip Rosenthal noch seinen Gesinnungsgenossen im Werk, die sich mittlerweile generalsstabsmäßig auf die Sozialisierung der Hütte eingerichtet hatten. Kontaktleute intervenierten bei Kreditgebern. Die Glasöfen wurden als schrottreif hingestellt, die künstlerische Linie des Unternehmers kam nicht viel besser weg. Als auch all das nicht recht half, schritten die „Genossenschaftshütten"-Modellierer zu handfesteren Aktionen: Gewerkschaftsfunktionäre trugen einen schwarzen Sarg nebst gleichfarbenen Fahnen zum Immenhausener Marktplatz. Die Süßmuth-Hütte sollte erklärtermaßen zum Modellfall der „Überführung von Privateigentum in Gemeineigentum" gemacht werden. Die offenen und geheimen Freunde der „Genossenschaftshütte" in der hessischen Landesregierung und den ihr verpflichteten Bankenkonsortien hörten die Signale.

Mochte auch Richard Süßmuth beteuern: „. . . Man will mich fertigmachen, obwohl die Hütte niemals vom Konkurs bedroht war, obwohl wir unsere Löhne und Rechnungen immer pünktlich bezahlt haben . . ."; der Appetit der Funktionäre der Gewerkschaft Chemie, Papier, Keramik wuchs zusehends. Bezirkschef Fabian verhöhnte den Unternehmenschef: „Niemand kann mehr den Beweis kaputtmachen, daß Arbeiter auch selbst Unternehmer sein können . . ."

Bevor Richard Süßmuth resignierte, hatte er noch mit der gewerkschaftseigenen Bank für Gemeinwirtschaft verhandelt, um die illiquid geredete Firma zu retten. In der Kasseler Zweigstelle stieß er nur auf Achselzucken und die bekannten Kommentare der Gewerkschaftsdesigner. Ja, wenn er abtreten würde, dann gebe es Millionenkredite, sonst würde er in den Konkurs getrieben, den er in den weit schlimmeren Jahren erfolgreich abgewendet hatte. Als er gar wagte, auf die hessische Verfassung und die darin verbürgte Schutzwürdigkeit des Privateigentums aufmerksam zu machen, wurde ihm zynisch der zweite Abschnitt des Artikels 45 vorgelesen: „. . . Das Privateigentum verpflichtet gegenüber der Gemeinschaft. Sein Gebrauch darf dem Gemeinwohl nicht zuwiderlaufen . . ." Und was in Hessen „Gemeinwohl" ist, bestimmen dortzulande weithin sozialistische „Verfassungs"-Interpreten. Als dann auch noch der Verein der Glasindustrie von der Beschäftigung aufsässiger Süßmuth-Glasbläser abriet, war das Signal für die Liquidation des verhaßten Unternehmers gegeben. Mit einer „Lebensrente" von monatlich 2000 DM und einem klapprigen Mercedes ging er in eine Emigration, die der „Genossenschaftshütte" den sozialistischen Modellweg freimachte.

„Der Aufstand von Immenhausen" („Belegschaft entmachtet Fabrikchef") wurde vom ARD-Panorama gebührend gefeiert. Mit „Hungerlöhnen" bedachte Arbeiter machten vor den roten Kameras des hessischen Fernsehens keinen Hehl aus der Tatsache, daß z. B. das Sinken der Bruchglasquote auf wenige Glassplitter darauf zurückzuführen sei, daß jetzt eben „nicht mehr einer absahnt". Es „mache auch keiner mehr krank".

Das „zukunftweisende Modell" im sozialistischen Musterland rief auch andere Sympathisanten auf den Plan. Was konservative Gemüter an Beifallsbekundungen der Jungdemokraten noch überraschen mochte, formulierten die Kasseler Jungsozialisten weit zielstrebiger. Sie forderten den Bundestag auf, „schnellstens ein Gesetz zu schaffen, das es ermöglicht, heruntergewirtschaftete Betriebe zu enteignen und den Arbeitnehmern zu übergeben". Die südhessischen Genossen präzisierten wenige Tage nach dem Canossa Süßmuths prompt ihr gesellschaftspolitisches Modell, die „Sozialisierung mit anderen Mitteln".

Wer noch immer nicht gemerkt haben sollte, wie die Mittel ausschauen, mit denen selbständige Unternehmer „fertiggemacht" werden sollen, wie die kalte Sozialisierung angeheizt werden soll, der möge nach Immenhausen gehen und die kollektivistische „Arbeiterselbstverwaltung", bzw. das, was die Gewerkschaftsfunktionäre darunter verstehen, studieren.

6. Beitrag aus der „Frankfurter Rundschau"

„Frankfurter Rundschau", Donnerstag, 30. April 1970, Nr. 100

Fertiggemacht?

Nur der Ruf nach dem Militär fehlt noch in einem Aufsatz, den „Der Selbständige" zur Übertragung der Glashütte Süßmuth an die Belegschaft veröffentlicht hat. Sonst erinnert dieser Bericht an die Zeit der blutigen Arbeitskämpfe des vorigen Jahrhunderts, wenn er etwa meint: „Als dann auch noch der Verein der Glasindustrie von der Beschäftigung aufsässiger Süßmuth-Glasbläser abriet, war das Signal für die Liquidation des verhaßten Unternehmers gegeben." Was hier mit „abriet" umschrieben wird, sieht beispielsweise die IG Chemie-Papier-Keramik als Bruch des Grundgesetz-Artikels 12 an, weil der Arbeitgeberverband der Glasindustrie in einem Rundschreiben vom 12. März seine Mitglieder gebeten hatte, „keine Arbeitskräfte dieser Firma einzustellen und die Bestimmungen unseres ‚Abwerbungsbeschlusses' sorgfältig zu beachten".

Genau wie an dieser Stelle erzeugt „Der Selbständige" durch Weglassungen und sprachliche Prägungen wie „sozialistische Machtergreifung" oder „aufsässige Glasbläser" den Eindruck, als hätten Arbeiter ihren fürsorglichen Chef „fertiggemacht".

Dabei hatten die Arbeiter nichts anderes getan, als versucht, mit allen Mitteln ihre von einem unabwendbar scheinenden Konkurs bedrohten Arbeitsplätze zu verteidigen. Immerhin bescheinigte der Stuttgarter Unternehmensberater Jürgen Hämer dem Unternehmer Süßmuth bereits im Mai 1969 den drohenden Konkurs der nach der Vertreibung aus Schlesien weitgehend mit Steuergeldern neu aufgebauten Hütte. Den für dringende Investitionen benötigten Finanzbedarf in Höhe von 1,2 bis 1,5 Millionen Mark erhielt der 69jährige Süßmuth weder von Banken noch von Freunden, noch von der öffentlichen Hand, vor allem weil er beträchtliche Gelder für ein Hotel anstatt für Modernisierungsmaßnahmen verwandt hatte. Ebensowenig fand sich trotz monatelanger Suche ein Käufer. Das Schicksal der Hütte schien ebenso besiegelt wie das Süßmuths und seiner Arbeiter: Konkurs, ungewisses und finanziell ungesichertes Alter, Arbeitslosigkeit. In dieser Situation waren die Arbeiter bereit zum Risiko, selbst Unternehmer zu werden und die jedem neuen Besitzer der Hütte zugesicherten Kredite zu erbitten.

Anmerkungen

Franz Fabian: Vom „Fall" zum „Modell" Glashütte Süßmuth

1 „Frankfurter Allgemeine Zeitung" v. 23. 5. 1969.
2 Heinz Michaelis: „Die Genossen im Glashaus", in: „Die Zeit" v. 27. 3. 1970.
3 ebd.
4 Vgl. den Beitrag von Hans See, S. 38 ff.
5 Dr. Hämer hatte ein umfangreiches Gutachten vorgelegt, in dem die wirtschaftliche Lage der Glashütte Süßmuth in allen Einzelheiten analysiert und auch Vorschläge zur Sanierung des Betriebs unterbreitet wurden.
6 ebd.
7 Vgl. zum Problem der Vertragsgestaltung den Beitrag von Gero B. Friedel, S. 74
8 ebd.
9 Vgl. Betriebsverfassungsgesetz § 54, 56, 58.
10 Vgl. den Beitrag von Gero B. Friedel, S. 81 f.

Hans See: Arbeiterselbstverwaltung im Kapitalismus

1 Vgl. den Beitrag von Franz Fabian, S. 7 ff.
2 Die Übernahme der Firma Beku in Erlabrunn bei Würzburg „war im letzten Augenblick ermöglicht worden, als zu vier bereits vorliegenden Bürgschaften zwei weitere hinzukamen. Die sechs Bürgen sind der Nürnberger Fotohändler Hannsheinz Porst, der Ahrensburger Fabrikant Carl Backhaus, der Offenburger Bauunternehmer Luis Fischer, der Siegener Opelhändler Klaus Hoppmann, der ehemalige Nürnberger SPD-Bundestagsabgeordnete Georg Kurlbaum und der Ettlinger Lehrer Matthias Bauschke." Zitiert nach „Frankfurter Rundschau" v. 19. 5. 1972.
3 Werner Hoffmann: „Grundelemente der Wirtschaftsgesellschaft", S. 16.
4 Aus einem Vortrag von Otto A. Friedrich, Präsident der Bundesvereinigung der Deutschen Arbeitgeberverbände, vom 15. 9. 1971: Soziale Marktwirtschaft, Integraler Bestandteil der Demokratie, abgedr. in: „Schriftenreihe Rechts- und Staatswissenschaftliche Vereinigung Frankfurter Juristische Gesellschaft", Heft Nr. 7/71, S. 6.
5 Zitiert nach: „Der Spiegel", Nr. 44, 28. 10. 1968, S. 67. Vgl. auch meinen Aufsatz: „Mitbestimmung als Weg zur Selbstbestimmung", in: „Blätter für deutsche und internationale Politik", 5/69, S. 501 ff; ferner in: Friedrich Hitzer/Reinhard Opitz (Hg.), „Alternativen der Opposition", S. 166 ff.
6 „Der Spiegel", Nr. 44/1968 ebd.

[7] Zitiert nach dem Abdruck im Wortlauf in der „Frankfurter Rundschau“ v. 30. 4. 1970 (vgl. Dokument Nr. 5).
[8] ebd.
[9] Vgl. Dokument Nr. 3.
[10] Zitiert nach: Günter Wallraff: „Das Denken überlassen Sie uns“, in: „Konkret“, Nr. 7, 26. 3. 1970, S. 57.
[11] Heinz Michaelis: „Die Genossen im Glaushaus“, in: „Die Zeit“, Nr. 13, 27. 3. 1970.
[12] wie Anmerkung 10.
[13] So die Aufschrift auf dem von vier Arbeitern der Glashütte getragenen Sarg.
[14] „Deutsche Zeitung (Christ und Welt)“, v. 15. 10. 1971.
[15] Ernst Deuerlein: „CDU/CSU 1945–1957“, Köln 1957, S. 78; zitiert nach Wilhelm Mommsen: „Deutsche Parteiprogramme“, S. 576.
[16] „Das Ahlener Wirtschaftsprogramm der CDU“, Februar 1947, in: Wilhelm Mommsen, a. a. O., S. 576.
[17] Vgl. „Das Eisenacher Programm der SDAP“ von 1869, abgedr. in: Wolfgang Abendroth: „Aufstieg und Krise der deutschen Sozialdemokratie“, S. 91.
[18] Rudolf Wiethölter: „Rechtswissenschaft“, S. 71.
[19] Reinhard Kühnl: „Formen bürgerlicher Herrschaft, Liberalismus – Faschismus“, S. 68.
[20] Karl Marx: „Philosophisch-ökonomische Manuskripte“ von 1844 „MEW“ Erg. Bd. 1, S. 514.
[21] ebd., Hervorhbg. im Text.
[22] Reinhard Kühnl, a. a. O., S. 37.
[23] John Strachey: „Kapitalismus heute und morgen“, S. 154.
[24] Arthur Rosenberg: „Geschichte der Weimarer Republik“, S. 128, ferner „Der Faschismus als Massenbewegung“, in: O. Bauer, H. Marcuse, A. Rosenberg: „Faschismus und Kapitalismus“, S. 75–142.
[25] „Das Ahlener Wirtschaftsprogramm der CDU“, a. a. O.
[26] ebd.
[27] ebd.
[28] Otto A. Friedrich: „Soziale Marktwirtschaft“ (Vgl. Anm. 4).
[29] ebd., S. 11.
[30] a. a. O., S. 2.
[31] Reinhard Kühnl, a. a. O., S. 37.
[32] Bodo Zeuner: „Innerparteiliche Demokratie“, S. 7.
[33] Vgl. Hans See: „Mitbestimmung als Weg zur Selbstbestimmung“, a. a. O.
[34] Bericht der Bundesregierung und Materialien zur Lage der Nation 1972, Hg. vom Bundesministerium für innerdeutsche Beziehungen, S. 127 f.
[35] Vgl. Hans See: „Volkspartei im Klassenstaat oder Das Dilemma der innerparteilichen Demokratie“.

[36] Bericht der Bundesregierung, ebd., vgl. BVerfGE 4, S. 17 f.; S. 400; 12, S. 363; 14, S. 275; 25, S. 19 f.
[37] „Der Selbständige", zitiert nach „Frankfurter Rundschau" v. 30. 4. 1970.
[38] Peter Merseburger, in der TV-Sendung „Panorama" am 6. 4. 1970.
[39] Karl Marx: „Das Kapital", Bd. 1, S. 790 (MEW Bd. 23).
[40] „Die Macht der Konzerne, Ende der freien Marktwirtschaft? ", in: „Der Spiegel" Nr. 6/72, S. 30.
[41] ebd.
[42] Vgl. „Wirtschaftswoche (Der Volkswirt)" Nr. 8 v. 25. 2. 1972, S. 16.
[43] Jürg Huffschmid: „Politik des Kapitals", S. 46.
[44] a. a. O., S. 43.
[45] ebd.
[46] Der ehemalige Staatssekretär und Porzellanfabrikant Philipp Rosenthal zur „Frankfurter Rundschau" am 4. 6. 1971.
[47] Jürg Huffschmid, a. a. O., S. 33.
[48] ebd.
[49] So der Wettbewerbsexperte im Wirtschaftsministerium, Wolfgang Kartte, zitiert nach: „Der Spiegel" Nr. 6/72, S. 48.
[50] Zitiert nach: „Der Spiegel", Nr. 6/72, S. 48.
[51] Aus dem Godesberger „Grundsatzprogramm der SPD" Hg. Vorstand der SPD, Bonn 11/59, S. 14
[52] „Der Spiegel", Nr. 6/72, S. 38.
[53] Willy Brandt, Regierungserklärung vor dem Deutschen Bundestag am 28. 10. 1969, Sonderdruck aus dem Bulletin des Presse- und Informationsamtes der Bundesregierung Nr. 132/1969, S. 7.
[54] a. a. O., S. 9.
[55] F. H. Ulrich, Interview in: „Wirtschaftswoche", Nr. 8 v. 25. 2. 1972, S. 23.
[56] Zitiert nach: „Der Spiegel" Nr. 6/72, S. 48.
[57] Godesberger „Grundsatzprogramm der SPD", S. 14.
[58] ebd.
[59] ebd.
[60] Zitiert nach: „Handelsblatt vom 28. 7.1970.
[61] nach: „Wirtschaftswoche", Nr. 13/70, S. 19.
[62] a. a. O., S. 20.
[63] „Frankfurter Rundschau" v. 1. 5. 1970.
[64] Helga Grebing, „Geschichte der deutschen Arbeiterbewegung, S. 74.
[65] Zitiert nach: Peter Marchal, „280 Arbeiter = 280 Chefs, Die Süßmuth GmbH – ein neuer Versuch der Mitbestimmung", Rundfunksendung des „Südwestfunks" vom 4. 8. 1971 (im folgenden zitiert unter Peter Marchal, Funkmanuskript), S. 20.
[66] Peter Marchal, Funkmanuskript, S. 13.
[67] ebd.
[68] a. a. O., S. 20 (nachkorrigiert von Klaus Boerner).

[69] Der Verfasser hat mehrere Stunden mit den Gesellschaftern (zusammen mit Gero B. Friedel und im Beisein von Betriebsratsmitgliedern sowie der Betriebsleitung) die Probleme der Selbstverwaltung diskutiert und die Gespräche auf Tonband festhalten können. Die Beiträge der Arbeiter und Angestellten zeugten insgesamt von hohem Problembewußtsein und großer Bereitschaft auch zur Selbstkritik.

[70] Peter Marchal, Funkmanuskript.

[71] ebd.

[72] a. a. O., S. 26.

[73] a. a. O., S. 15.

[74] Diese und alle folgenden unter „Aufnahme" zitierten Aussagen wurden in einer am 26. 5. 1972 veranstalteten Gesellschafterversammlung, an der auch Betriebsratsmitglieder und die Geschäftsleitung teilnehmen, vom Verfasser auf Tonband festgehalten.

[75] Aufnahme.

[76] Aufnahme.

[77] Adolf Brock u. a., Die Würde des Menschen in der Arbeitswelt, Frankfurt 1969, S. 111 f.

[78] Peter Marchal, Funkmanuskript, S. 27.

[79] a. a. O., S. 29.

[80] Bei der Auswertung wurden alle Enthaltungen vernachlässigt. Wo die Prozentzahlen über 100 ansteigen, liegt eine Häufung vor, die durch Mehrfach-Ankreuzungen entstand. Rubrik 1 zeigt die prozentuale Verteilung der Daten und Meinungen der insgesamt 27 zurückgegebenen Fragebogen. Rubrik 2 unterscheidet Männer und Frauen und Rubrik 3 Arbeiter und Facharbeiter. Die die Frage 9 mit einem Ja oder einem Nein beantwortet haben, stehen sich in Rubrik 4 gegenüber.

Gero B. Friedel: Rechtliche und rechtspolitische Aspekte des Modells Süßmuth

[1] A. S. Miller: „The Supreme Court and American Capitalism", New York 1968, S. 140 schreibt: „The governmental character of the private corporation is being recognized." Bei Th. C. Cochran: „The American Business System 1900–1955", Harper Textbook 1962, S. 196 ist zu lesen: „. . . the emergence of the big company as a quasi public institution, with social and political responsabilities. The property of a corporation with several hundred thousand stockholders was not strictly private property, and its actions were not thouse of a strictly private character."

[2] Paul A. Baran/Paul M. Sweezy: „Monopolkapital, Ein Essay über die amerikanische Wirtschafts- und Gesellschaftsordnung", Frankfurt 1967, S. 23 ff.

[3] Ference Madl: „Juristische Fragen der Entwicklung einer wirt-

schaftlichen Integration in den Comecon-Ländern", Stuttgart 1971, S. 62 ff.

[4] G. Heyder: „Machiavelli ex machina", in: „Gewerkschaftliche Monatshefte", 1972, S. 241 ff.

[5] E. Stachels: „Das Stabilitätsgesetz im System des Regierungshandelns", Berlin 1970, S. 24 ff; G. B. Friedel: „Von nationaler zu supranationaler Wirtschaftsplanung", Bern/Frankfurt 1972.

[6] H. Ehmke: „Staat und Gesellschaft", Karlsruhe 1961.

[7] R. Wiethölter: „Rechtswissenschaft", Reihe Funkkolleg, Frankfurt 1968.

[8] „Bericht der Studienkommission des Deutschen Juristentages, Untersuchungen zur Rechtsform des Unternehmensrechts", Teil I, 1955, S. 43 ff.
Ballerstedt: „Aktienrechtsreform und Unternehmensverfassung", in: „Zur großen Aktienrechtsreform", 1962, S. 33 ff.

[9] Unternehmensverfassung als gesellschaftspolitische Forderung, Ein Bericht erstattet von Boettcher, Max, O. Kunze, O. v. Nell-Breuning, H.-D. Ortlieb, L. Preller 1968.

[10] Bundestagsdrucksache V/3657.

[11] K. P. Kisker: „Vermögenskonzentration und Vermögenspolitik im Spätkapitalismus", in: „Gewerkschaftliche Monatshefte", 1972. S. 101 ff.

[12] K. H. Pitz: „Vermögensbildung in Arbeitnehmerhand – eine Fata Morgana", in: „Gewerkschaftliche Monatshefte", 1972, S. 87 ff.

[13] U. Steger: „Warum ist die BDA für Vermögensbildung? ", in: „Gewerkschaftliche Monatshefte", 1972, S. 234 ff.

[14] M. Vasseur: „Das französische Modell der participation", in: „Planung V" (Hg. J. H. Kaiser), Baden-Baden 1971, S. 111 ff (116).

[15] O. Suica: „Öffentlich-rechtliche Elemente der Unternehmensverfassung in Jugoslawien", in: „Planung V" (a. a. O.), S. 221 ff; Internationales Arbeitsamt (Hg.): „Die Arbeiterselbstverwaltung in den Betrieben Jugoslawiens", Genf 1962.

[16] Dieses „Marktsystem" wird derzeit in Jugoslawien für die Mißstände der jugoslawischen Wirtschaft verantwortlich gemacht. Vgl. das Interview mit dem kroatischen Politiker V. Bakaric, in: „Der Spiegel" v. 12. 6. 1972, S. 88: „Aufstand gegen die Belgrader Wallstreet." Titos Chefideologe Kardelj klagte in diesem Zusammenhang: „Das Selbstverwaltungssystem in seinem gegenwärtigen Stand bevorzugt die Konzentration des gesellschaftlichen Kapitals bei den Banken, den großen Firmen des Innen- und Außenhandels, bei den Versicherungen und den Fonds in den Gemeinden und Republiken . . . zumal sie eigentlich kaum kontrolliert werden." Zitiert aus: „Der Spiegel", a. a. O., S. 97.

[17] Institut für Marxistische Studien und Forschungen (Hg.), „Mitbestimmung als Kampfaufgabe", Köln 1971; anders: K. Schumacher: „Partnerschaft oder Mitbestimmung, Untersuchung zur Ausgestaltung gewerkschaftlicher Mitbestimmungsrechte in Westdeutsch-

land", Berlin 1967, S. 13 ff; W. Thomsen: „Wirtschaftliche Mitbestimmung und sozialer Konflikt", Neuwied 1970, S. 9 ff.

18 F. Vilmar: „Mitbestimmung am Arbeitsplatz", Neuwied 1971; Das Spannungsverhältnis zwischen (deutscher) demokratisch-repräsentativer Einheitsgewerkschaft bei offener Ideologiediskussion und syndikalistisch-trotzkistischer Arbeitermassendemokratie (André Gorz) hat Radke jüngst aufgezeigt; vgl. O. Radke: „Die Rolle der Gewerkschaften in der Zukunft, Wider Gorz und Pimenow", in: „Die Neue Gesellschaft", 1972, S. 463 ff.

19 A. Anker-Ording: „Betriebsdemokratie", 2. A., Frankfurt 1972.

20 J. Weis: „Wirtschaftsunternehmen und Demokratie", 1970, S. 53 ff.

21 G. Schwerdtfeger: „Unternehmerische Mitbestimmung der Arbeitnehmer und Grundgesetz", Frankfurt 1972, S. 171 ff.

21a Näheres zum „Ahrensburger Modell" bei E. Ballerstedt: „Soziologische Aspekte der innerbetrieblichen Partnerschaft, Das Ahrensburger Modell", München 1971, S. 20 ff.; H. J. Preuss: „Betriebswirtschaftliche Aspekte der Identität von Kapitaleignern und Mitarbeitern unter besonderer Berücksichtigung des Partnerschaftsmodells der Firma J. F. Behrens, Ahrensburg", Diplomarbeit, Hamburg 1969 (unveröffentlicht).

22 Fa. Porst, Nürnberg; „Der Spiegel", Hamburg; Die Betriebe der „Arbeitsgemeinschaft zur Förderung der Partnerschaft in der Wirtschaft (AGP)", die Elektrozubehörfirma Schunck & Ebe bei Gießen; die Maschinenfabrik G. L. Rexroth, Lohr; das Bauunternehmen R. Völker, Kassel; die Fa. BEKU, Würzburg; das Holzverarbeitungsunternehmen H. Pfleiderer, Neumarkt/Oberpfalz.

23 Vereinssatzung und Gesellschaftsvertrag sind in diesem Band als Anlage abgedruckt.

24 Vgl. zum Genossenschaftswesen: G. Weisser (Hg.): „Genossenschaften und Genossenschaftsforschung, Strukturelle und ablaufanalytische, historische und systematische Aspekte der Genossenschaften des 19. und 20. Jahrhunderts", Göttingen 1971.

25 Exemplarisch dafür: Schmidt-Rimpler, in: „Festschrift für H. C. Nipperdey", 1955, S. 5 ff; M. Wolf: „Rechtsgeschäftliche Entscheidungsfreiheit und vertraglicher Interessenausgleich", Tübingen 1970, S. 105.

26 Vgl. den nächsten Abschnitt des Beitrages: Der Übergang in Arbeiterselbstverwaltung.

27 Vgl. die verschlungenen Wege des Vereinsrechts, in: E. Sauter/G. Schweyer: „Der eingetragene Verein", 8. Aufl., München 1972, wo nicht ohne Grund dem eingetragenen Verein nur „vermögensverwaltende Tätigkeiten" nicht aber „geschäftsleitende Befugnisse" zugestanden werden.

28 Vgl. „Frankfurter Rundschau" v. 14. 1. 1970 und auch die Äußerungen von Franz Fabian, abgedruckt in „Frankfurter Rundschau" v. 12. 3. 1970: „Gerade solche Fälle, die in katastrophaler Deut-

lichkeit zeigen, daß die Interessenlage der Arbeitnehmer ignoriert wird, sollten dazu führen, daß eine Überführung des Eigentums in Gemeineigentum möglich ist und eine gesetzgeberische Lücke geschlossen werden müßte."

29 Vgl. „Frankfurter Rundschau" v. 27. 6. 1970.

30 Vgl. Wortlaut des Rundschreibens im Anhang dieses Bandes und in „Frankfurter Rundschau"

31 Vgl. „Frankfurter Rundschau" v. 17. 3. 1970.

32 Vgl. „Frankfurter Allgemeine Zeitung" v. 19. 3. 1970.

33 Ausgabe Februar 1971.

34 Vgl. den Parallelfall bei der Drittelbeteiligung der Arbeitsdirektoren im Vorstand der Eisen- und Stahlindustrie e. V. Wegen der Mitgliedschaft der Arbeitsdirektoren gehört dieser Arbeitgeberverband der Eisen- und Stahlindustrie nicht zur Bundesvereinigung der Deutschen Arbeitgeberverbände. F. Voigt/W. Weddinger: „Zur Theorie und Praxis der Mitbestimmung", Bd. 1, Berlin 1962, S. 240, zitiert: nach Kritik der Mitbestimmung, mit Beiträgen von Frank Deppe, Jutta von Freyberg, Christof Kievenheim, Regine Meyer und Frank Werkmeister, Frankfurt 1969, S. 118.

35 Vgl. „manager-magazin", Juni 1972, S. 100.

36 BGBl. I, S. 1189.

37 Vgl. die Kommentare: Erdmann/Jürging/Kammann, Neuwied 1972; Gnade/Kehrmann/Schneider, Köln 1972; ferner: F. Fahrtmann: „Grundzüge der neuen Betriebsverfassung", in: „Gewerkschaftliche Monatshefte", 1972, S. 14 ff; Zur Kritik selbst gegen die minimalen Verbesserungen der Stellung des Lohnabhängigen im Betrieb vgl.: Galperin: „Der Regierungsentwurf eines neuen BetrVerfG 1971"; Herb. Krüger: „Der Regierungsentwurf eines BetrVerfG v. 29. 1. 1971 und das Grundgesetz, Rechtsgutachten im Auftrage der Bundesvereinigung der Deutschen Arbeitgeberverbände 1971.

38 H. Gester: „Zur Stellung der Gewerkschaften im Betrieb nach dem Betriebsverfassungsgesetz 1972", in: „Gewerkschaftliche Monatshefte", 1972, S. 19 ff; K. Rumpff: „Das Mitbestimmungsrecht des Betriebsrates bei Entgeltfragen, insbesondere beim Leistungslohn nach dem Betriebsverfassungsgesetz 1972", in: „Arbeit und Recht", 1972, S. 65 ff.

39 „Tagesanzeiger", Zürich, Februar 1971.

40 Vgl. „manager-magazin", Juni 1972, S. 101.

41 So auch – ohne Begründung – R. R. Kuda: „Atypische Mitbestimmungsmodelle/Anpassungstaktik der Reformstrategie", in: „Frankfurter Hefte", 1970, S. 419 ff (426).

42 Vgl. die neueren Überlegungen zur Gemeinwirtschaft: Th. Thiemeyer: „Zur Theorie der Gemeinwirtschaft in der Wirtschaftswissenschaft", in: „Gewerkschaftliche Monatshefte", 1972, S. 129 ff; A. v. Loesch: „Die Wirtschafts- und gesellschaftspolitische Funktion gemeinwirtschaftlicher Unternehmen", ebd.,

S. 141 ff; J. Goldberg: „Gemeinwirtschaft als Gegenmacht", ebd., S. 152 ff.

43 Kuda, a. a. O., S. 426.

Literaturhinweise zu Kapitel II

Abendroth, Wolfgang, Aufstieg und Krise der deutschen Sozialdemokratie, Frankfurt 1967

Bauer, Otto/Marcuse, Herbert/Rosenberg, Arthur u.a., Faschismus und Kapitalismus, Theorien über die sozialen Ursprünge und die Funktion des Faschismus, Frankfurt 1967, 2. Auflage.

Bericht der Bundesregierung und Materialien zur Lage der Nation 1972, Hg. Bundesministerium für innerdeutsche Beziehungen, Bonn 1972

BMWF, Bundesministerium für Wirtschaft und Finanzen, 20 Jahre Leistung in Zahlen '70, Bonn 1971

Brock, Adolf u. a., Die Würde des Menschen in der Arbeitswelt, Frankfurt 1969

Grebing, Helga, Geschichte der deutschen Arbeiterbewegung, München 1966

Hitzer, Friedrich/Opitz, Reinhard (Hg.), Alternativen der Opposition, Köln 1969

Hofmann, Werner, Grundelemente der Wirtschaftsgesellschaft, Reinbek bei Hamburg 1969

Huffschmid, Jörg, Die Politik des Kapitals, Frankfurt 1969

Kühnl, Reinhard, Formen bürgerlicher Herrschaft, Liberalismus – Faschismus, Reinbek bei Hamburg 1971

Marx, Karl, Das Kapital I, MEW Bd. 23

– Philosophisch-ökonomische Manuskripte von 1844, MEW Erg. Bd. 1

Mommsen, Wilhelm, Deutsche Parteiprogramme, München 1964, 2. Auflage

Rosenberg, Arthur, Geschichte der Weimarer Republik, Frankfurt 1961

See, Hans, Volkspartei im Klassenstaat oder Das Dilemma der innerparteilichen Demokratie, Reinbek bei Hamburg 1972

Strachey, John, Kapitalismus heute und morgen, Düsseldorf 1957

Wiethölter, Rudolf, Rechtswissenschaft, Frankfurt 1968

Zeuner, Bodo, Innerparteiliche Demokratie, Zur Politik und Zeitgeschichte 33/34, Landeszentrale für politische Bildung, Berlin (Hg.), Berlin 1969

Literaturhinweise zu Kapitel III

Anker-Ording, A., Betriebsdemokratie, Frankfurt 1972

Ballerstedt, E., Soziologische Aspekte der innerbetrieblichen Partnerschaft, Das Ahrensburger Modell, München 1971

Baran, Paul A./Zweezy, Paul M., Monopolkapital, Ein Essay über die amerikanische Wirtschafts- und Gesellschaftsordnung, Frankfurt 1967

Bericht der Studienkommission des Deutschen Juristentages, Untersuchungen zur Rechtsform des Unternehmensrechts, Teil I, 1955

Bericht zur Unternehmensverfassung als gesellschaftspolitische Forderung, erstattet von Boettcher, Max, O. Kunze, O. v. Nell-Breuning, H.-D. Ortlieb, L. Preller 1968

Ehmke, Horst, Staat und Gesellschaft, Karlsruhe 1961

Erdmann/Jürging/Kamman, Das Betriebsverfassungsgesetz, Neuwied 1972

Friedel, Gero B., Von nationaler zu supranationaler Wirtschaftsplanung, Basel/Frankfurt 1972

Gnade/Kehrmann/Schneider, Das Betriebsverfassungsgesetz, Köln 1972

Internationales Arbeitsamt (Hg.), Die Arbeiterselbstverwaltung in den Betrieben Jugoslawiens, Genf 1962

Institut für Marxistische Studien und Forschungen (Hg.), Mitbestimmung als Kampfaufgabe, Köln 1971

Kaiser, J. H. (Hg.), Planung V, Baden 1971

Krüger, Herbert, Der Regierungsentwurf eines BetrVerfG vom 29. 1. 1971 und das Grundgesetz, Rechtsgutachten im Auftrage der Bundesvereinigung der Deutschen Arbeitgeberverbände 1971

Madl, Ference, Juristische Fragen der Entwicklung einer wirtschaftlichen Integration in den Comecon-Ländern, Stuttgart 1971

Miller, A. S., The Supreme Court and American Capitalism, New York 1968

Sauter, E./Schweyer, G., Der eingetragene Verein, München 1972

Schumacher, K., Partnerschaft oder Mitbestimmung, Untersuchung zur Ausgestaltung gewerkschaftlicher Mitbestimmungsrechte in Westdeutschland, Berlin 1967

Schwerdtfeger, G., Unternehmerische Mitbestimmung der Arbeitnehmer und Grundgesetz, Frankfurt 1972

Stachels, E., Das Stabilitätsgesetz im System des Regierungshandelns, Berlin 1970

Thomsen, W., Wirtschaftliche Mitbestimmung und sozialer Konflikt, Neuwied 1970

Vilmar, F., Mitbestimmung am Arbeitsplatz, Neuwied 1971

Weis, J., Wirtschaftsunternehmen und Demokratie, Frankfurt 1970

Weisser, G. (Hg.), Genossenschaft und Genossenschaftsforschung, Strukturelle und ablaufanalytische, historische und systematische Aspekte der Genossenschaft des 19. und 20. Jahrhunderts, Göttingen 1971

Wiethölter, R., Rechtswissenschaft, Reihe Funkkolleg, Frankfurt 1968

Wolf, F., Rechtsgeschäftliche Entscheidungsfreiheit und vertraglicher Interessenausgleich, Tübingen 1970

Franz Fabian, geb. 1926, mittlere Reife; nach dem Krieg Arbeit in der Landwirtschaft und in einem Chemieunternehmen; seit 1946 Gewerkschaftsmitglied; Studium an der Sozialakademie Dortmund. Hauptamtliche Tätigkeit in der IG Chemie, Papier, Keramik: Jugendsekretär für Nordrhein-Westfalen, Gewerkschaftssekretär in Düsseldorf, Geschäftsführer in Wuppertal, Branchenleiter, Tarifsekretär für die Glasindustrie des Bundesgebietes, seit 1. 5. 1963 Bezirksleiter der IG Chemie, Papier, Keramik in Hessen. Mitglied des Hessischen Landtags seit 1. 12. 1970.

Gero B. Friedel, geb. 1945, Dr. jur., Studium der Rechtswissenschaft und Volkswirtschaft in Marburg, Frankfurt und Paris; 1969 Lehrauftrag für Arbeitsrecht in Paris, 1970/71 Assistent an der Universität Frankfurt; z. Z. Geschäftsführer einer Wirtschaftsförderungs- und Entwicklungsgesellschaft mbH; Veröff. u. a.: „Von nationaler zu supranationaler Wirtschaftsplanung“ (1972); „FIFI, ein neues Modell der französischen Wirtschaftsplanung“ (1972).

Hermann Lingnau, geb. 1936; Abitur, nach einjährigem Praktikum Studium der Betriebswirtschaftslehre in Hannover, Mainz und Frankfurt; 1964 Staatsexamen als Diplomkaufmann; von 1965 bis 1967 Hilfsreferent beim Hessischen Minister für Wirtschaft und Verkehr, bis 1969 Referent auf dem Gebiet der öffentlichen Finanzierungshilfen, bis 1972 alleinvertretungsberechtigter Geschäftsführer der Hessischen Landesentwicklungs- und Treuhandgesellschaft mbH. in Wiesbaden; z. Z. Stadtkämmerer der Stadt Frankfurt.

Hans See, geb. 1934, war 1949 bis 1961 als Werkzeugmacher tätig. Abitur 1963 am Hessenkolleg in Frankfurt. Studium der Wissenschaftlichen Politik, Soziologie, Germanistik und Philosophie in Frankfurt und Marburg. 1971 Magister Artium; 1972 Promotion: „Integrationsparteien in der antagonistischen Gesellschaft“. Veröff.: „Volkspartei im Klassenstaat oder Das Dilemma der innerparteilichen Demokratie“ (rororo aktuell 1576, 1972); Aufsätze über „Mitbestimmung als Weg zur Selbstbestimmung“ und „Das klassenlose Krankenhaus“.

Günter Wallraff

Industriereportagen

Als Arbeiter in deutschen Großbetrieben

Am Fließband einer Autofabrik, auf der Helling einer Werft, am Hebel einer Rohrschneidemaschine, in der Sinteranlage eines Stahlwerks hat der durch seine kritischen Reportagen von den Kehrseiten des Wirtschaftswunders bekannt gewordene Autor den Arbeitsalltag der Massen geteilt.

Wallraff hat mitangesehen, wie an Akkordarbeit Ehen zerbrachen; er hat Kollegen erlebt, die sich bei ihrer Arbeit Staublungen geholt hatten; er hat Aborte ohne Tür benutzen müssen; er hat sich von Vorgesetzten duzen lassen müssen, die mit «Sie» angeredet werden wollten; er hat bürokratische Routineschikanen erlitten. Was Wallraff als Arbeiter und Hilfsarbeiter an rücksichtsloser Ausnutzung der Arbeitskraft selbst erfahren hat, wird in seinen Industriereportagen zu einer Anklage, für die nur Fakten zählen. Die Forderungen nach der Humanisierung des Arbeitsprozesses sind noch nicht erfüllt worden, noch immer werden Arbeiter, meist aus Profitstreben, zu einem bloßen Werkzeug der Fabrikation degradiert.

rororo sachbuch 6723

625/3